CASA ENCANADA
Renato Baruq

2ª edição   ISBN 978-65-86598-29-2

AUTORIA   Renato Baruq
PREFÁCIO   Thiago Canettieri
POSFÁCIO   Renato Baruq
PARTICIPAÇÃO TEXTUAL   Clarissa Campos
ILUSTRAÇÕES   Renato Baruq
FOTOGRAFIAS   Cadu Passos
ENTREVISTADOS   Regiane Rosa Sena, Warlem Cândido de Souza, Maria das Dores Ferreira, Núbia Alves, Luiz Felipe, Carine Anastácio, André Luiz, Movimento Olga Benário e Coletivo [conjunto vazio]
EDIÇÃO   Leonardo Araujo Beserra
PROJ. GRÁFICO E DIAGRAMAÇÃO   Marcelo Lustosa
REVISÃO   Dennis Conti Nascimento

COORDENAÇÃO EDITORIAL
Kasa Invisível
GLAC edições

© Renato Baruq, 2024

© GLAC edições, reimpressão, agosto de 2025
praça dom josé gaspar, 76, conj. 83, edifício biblioteca, centro,
são paulo – sp, 01047-010 | glacedicoes@gmail.com

Dados Internacionais de Catalogação na Publicação (CIP)
de acordo com ISBD

B295c   Baruq, Renato
Casa Encantada: retrato da luta por moradia em Belo Horizonte / Renato Baruq. - São Paulo : GLAC edições, 2024
96 p. : il. ; 20cm x 20cm.

Inclui índice, apêndice e anexo.

ISBN: 978-65-86598-26-1

1. Ocupação. 2. Sem teto. 3. Movimento sem teto. 4. Moradia. 5. Habitação. 6. Movimentos sociais. 7. Luta social. 8. Okupa. 9. Kasa Invisível. 10. Ocupação cultural. I. Título.

2024-2307	CDD 303.484
	CDU 301.175

Elaborado por Odilio Hilario Moreira Junior - CRB-8/9949

Índice para catálogo sistemático:
1. Movimentos sociais 303.484
2. Movimentos sociais 301.175

Este livro foi impresso nos papéis Polén Bold 90gr (miolo) e Supremo LD 250gr (capa), utilizando a tipografia Eb Garamond Jacquarda Bastarda 9, em agosto de 2024 pela RenovaGraf.

Casa encantada

Um retrato da luta por moradia em Belo Horizonte

Baruq

a Adão Luiz Felipe (1962-2024),
pelas palavras e pelo silêncio.

Sumário

Prefácio — As (in)visibilidades de uma cidade — Thiago Canettieri 7

Apresentação — Uma casa ocupada é uma casa encantada 11

Ocupações 25

Entrevistas com ocupantes 65

De vaga-lumes e formigas: a potência lampejante, coletiva e obstinada da Belo Horizonte ocupada — Clarissa Campos 85

Posfácio — Nem tudo é encanto 91

Prefácio
As (in)visibilidades de uma cidade

> *Mais "embaixo", a partir dos limiares onde* cessa a visibilidade,
> *vivem os praticantes ordinários da cidade.*
> — Michel de Certeau

Toda sociedade opera a partir de certo "regime de visibilidade", isto é, uma forma determinada de ver e perceber as coisas. Alguns dos elementos que garantem o funcionamento dessa sociedade podem muito bem permanecer "invisíveis", ocultos pelo regime de visibilidade imposto. Assim, essa sociedade regula o que é visível e o que é invisível. Andar em qualquer cidade implica em jogar o jogo da visibilidade: o que se percebe e o que permanece escondido são resultado da forma como cada sujeito se relaciona com o regime de visibilidade.

Há seis décadas, um urbanista chamado Kevin Lynch escreveu um importante livro: *A Imagem da cidade*. Nessa obra, o autor americano descreve as formas pelas quais as pessoas circulam na cidade e experimentam o espaço a partir de imagens mentais que criam dela. Ele notou haver alguns elementos das cidades que podem fornecer bons marcos para essa construção mental àqueles que nela circulam e vivem. Ou seja, Lynch, embora não empregue esse termo, analisa os regimes de visibilidade urbanos: o que conta (e, por conseguinte, o que não conta) na hora em que se lê a cidade.

Existem coisas "mais visíveis" do que outras. Existem coisas "mais invisíveis" do que outras.

Uma cidade planejada é, antes de qualquer coisa, uma cidade onde o regime de visibilidade é controlado pelo Estado e pelo capital. Esse é o caso de Belo Horizonte: cidade onde os símbolos do poder são tão visíveis que o seu brilho (artificial) ofusca a visão e produz cegueira — torna uma infinidade de componentes, construções, pessoas, em elementos invisíveis.

Portanto, não seria errado afirmar que, além da cidade visível, aquela da ordem e do progresso, existem outras tantas, com seus habitantes, com suas construções e com seus ritmos, que permanecem invisíveis.

***

À primeira vista, o romance de China Mievile, *A cidade & a cidade*, parece mais um romance policial: um detetive que tenta desvendar um crime. Contudo, o livro de Mievile convida o leitor a ir mais longe. A trama se desenrola em duas cidades, Beszel e Ul Qoma, que coexistem no mesmo espaço físico. Não se trata de negação do princípio da impenetrabilidade da matéria, mas de profunda discussão sobre as fronteiras do ver e do "*des-ver*". Os habitantes de cada cidade são treinados a "*des-ver*" os aspectos da cidade vizinha para manter a separação entre elas e, dessa maneira, sustentar a ilusão necessária de que ambas são completamente distintas. O leitor e a leitora são convidados, assim, a imaginar a vida cotidiana que se desenrola entre o ver e o "*des-ver*".

O estranhamento que o "*des-ver*" provoca no leitor e na leitora é rapidamente substituído por certa familiaridade: não é essa mesmíssima operação, de "*des-ver*", que somos todos e todas constantemente convocados a realizar na nossa vida cotidiana?

Alguns elementos são mantidos invisíveis por ação deliberada de "des-ver" resultante da adesão de cada um e cada uma ao regime de visibilidade imposto.

***

Em um regime de visibilidade imposto, muitas coisas são "*des-vistas*" e, assim, permanecem invisíveis. Mas é nesse mesmo movimento, tal qual um contragolpe, que se pode escapar do regime de visibilidade dominante.

Certas coisas invisíveis podem muito bem continuar invisíveis, porque o objetivo não é somente "aparecer" para o regime de visibilidade imposto, mas destruí-lo e, assim, criar um novo. Eis mais uma das vantagens de ser invisível: jogar com a própria invisibilidade. Usar da invisibilidade para interagir com outros invisíveis. Unir os invisíveis e derrubar o regime de visibilidade imposto.

O livro que a leitora e o leitor têm agora em mãos é um desses esforços. Como escreveu Baruq, as histórias e os retratos presentes no livro aparecem na superfície visível como resultado dessa força invisível. O projeto concebido na Kasa Invisível tem sua razão de ser: a possibilidade de usar a invisibilidade para instaurar outro regime de visibilidade.

Invisíveis de todo o mundo, uni-vos (e acabemos com isso!)

Thiago Canettieri
Belo Horizonte, fevereiro de 2023

✻ ✻ ✻

Apresentação
Uma casa ocupada é uma casa encantada

Somos los duendes que habitan en las casas abandonadas,
La propiedad privada es un robo, y lo nuestro arte de magia.
Una casa okupada es una casa encantada,
Cuando haya un desalojo, aparecemos en otra.
El hechizo está en hacerlo todo con tus propias manos,
Convirtiendo cuatro muros en espacios liberados.
— Sin Dios, *Casa Okupada, Casa Encantada*

Yo soy el error de la sociedad,
soy el plan perfecto, que ha salido mal.
— Agarrate Catalina, *La Violencia*

O projeto deste livro surgiu dentro da Kasa Invisível, ocupação de moradia e centro social anticapitalista operante desde 2013 em Belo Horizonte (BH), da qual sou membro e morador. A proposta é fazer um breve retrato de um momento particular da luta por moradia em nossa cidade. Este é também apenas mais um esforço, dentre muitos, que membros do coletivo e a comunidade em torno da Kasa Invisível desenvolvem com outras ocupações de BH, promovendo a solidariedade entre esses espaços, seus habitantes e os movimentos que atuam junto a eles.

Buscando formas de documentar e transmitir o momento em que rapidamente surgiram dezenas de novas casas ocupadas para moradia em nossa vizinhança, convidei o amigo e fotógrafo Cadu Passos para um passeio de bicicleta por quase 20 imóveis na região central, fotografando as fachadas deles, sua vida e algumas pessoas que ali habitam. A partir de suas fotos, criei uma ilustração para cada casa.

Para além de qualquer fetiche arquitetônico ou que busque algum valor patrimonial por casas antigas, há o desejo de compartilhar as impressões, os dramas e as histórias das pessoas que se unem para partir para a ação e lutar pelo básico: *um espaço para poder existir*. Pessoas de diferentes trajetórias ousaram desafiar a sacralidade da propriedade privada e ocupar esses pedaços de chão, paredes e teto para habitá-los e preenchê-los de vida. Vida que deseja, sonha e se move — com alguma beleza, mesmo que torta e rasurada — como a fachada das casas que ocupamos e chamamos de lar.

※ ※ ※

Invisível e fora dos planos

O que é a cidade? É o contrário de mata. O contrário de natureza. A cidade é um território artificializado, humanizado. A cidade é um território arquitetado exclusivamente para os humanos. Os humanos excluíram todas as possibilidades de outras vidas na cidade. Qualquer outra vida que tenta existir na cidade é destruída. Se existe, é graças à força do orgânico, não porque os humanos queiram.
— Nego Bispo, *A terra dá, a terra quer*

Todas as cidades são geológicas, e não é possível dar dois passos sem esbarrar em fantasmas cercados de todo o prestígio lendário. Vivemos numa paisagem fechada cujos pontos de referência remetem sempre ao passado. Certos ângulos moventes, certas perspectivas fugazes permitem-nos entrever concepções originais do espaço, mas essa visão permanece parcelar. É preciso procurá-la nos lugares mágicos dos contos folclóricos e dos textos surrealistas: castelos, muros intermináveis, barezinhos esquecidos, caverna do mamute, espelho dos cassinos.
— Gilles Ivain, *Formulário para um Novo Urbanismo (Internationale Situationniste nº 1, junho de 1958)*

Belo Horizonte foi a primeira cidade moderna planejada do Brasil. Fundada em 1897, seu desenho urbano expressa os ideais da jovem república instaurada apenas 8 anos antes por um golpe militar que destituiu o Império: vias amplas, retilíneas, racionalmente projetadas para facilitar a circulação e o higienismo, inviabilizar a aglomeração, os bloqueios, os protestos e as barricadas. Passando por cima e retificando até mesmo o curso dos rios, o novo modelo contrastava com as estreitas e sinuosas ruas de pedra da antiga capital do estado, Ouro Preto, abertas conforme a necessidade, como todas as cidades formadas em torno da exploração do trabalho escravo na extração de ouro, prata e demais minerais e produtos agrícolas.

A Avenida do Contorno, originalmente chamada de Avenida 17 de Setembro, continha todo o projeto e demarcava os limites entre o urbano e o suburbano. As principais ruas desenham quadrados perfeitos: num sentido, aquelas com nomes dos estados da federação, noutro, as ruas com nomes dos povos indígenas exterminados ou expulsos dos territórios sobre os quais se ergue qualquer cidade nas Américas. Cortando na diagonal, ficam as avenidas com nomes de figuras políticas ou de "notáveis", como aqueles que projetaram a nova capital mineira: Afonso Pena, Augusto de Lima, Olegário Maciel, Bias Fortes, dentre outros.

Desde cedo, a realização da nova capital se dava pela abrupta transformação do espaço, obliterando qualquer coisa ou pessoa no caminho. Além de um rico bioma de encontro entre Mata Atlântica e Cerrado, a construção de Belo Horizonte precisou remover o antigo povoado conhecido como Curral del Rey e seus quase mil e quinhentos habitantes. Muitos deles foram desalojados sem aviso-prévio ou indenização. O caso mais simbólico é o da senhora que se tornou uma das primeiras e mais tradicionais lendas da cidade: Maria Papuda[1] (apelido pejorativo devido à sua aparência, por sofrer de bócio), mulher negra e pobre que, até 1894, habitava a região em um modesto barraco de pau a pique, próximo de onde foi erguido o Palácio da Liberdade, a sede oficial do governo do estado de Minas Gerais até 2019. Dona Maria teria lançado maldição sobre os futuros ocupantes do palácio após ser forçada a se mudar de seu barraco, sem qualquer reparação. O fato de que na

---

1   No dia 28 de julho de 2023, o MLB (Movimento de Luta nos Bairros, Vilas e Favelas) organizou uma ação com outros movimentos de Belo Horizonte, como MOB (Movimento Organização de Base), Kasa Invisível e MLP (Movimento de Libertação Popular), que deu origem à Ocupação Maria do Arraial, na Rua da Bahia, 1065, que leva o nome em homenagem à Dona Maria.

década seguinte dois governadores tenham morrido no imóvel apenas reforçou a lenda, que diz também que o fantasma de Maria Papuda ainda assombra o local.

Os trabalhadores pobres que construíram a cidade não foram considerados como possíveis habitantes e não contaram com nenhum espaço previsto para eles no plano inicial. Muitas dessas pessoas ocuparam ilegalmente terrenos próximos do Centro, criando as primeiras favelas e ocupações belo-horizontinas (como a Vila Córrego do Leitão, criada antes ainda da inauguração oficial da cidade). Quando a prefeitura emite decretos e manda a polícia remover essas casas a partir de 1900, inicia-se uma disputa contínua pela qual o poder público busca permanentemente afastar os pobres do centro da cidade, sem nunca conseguir higienizá-lo por completo. Essa disputa é constitutiva da história de BH.

Os mesmos processos se perpetuam até hoje, 126 anos depois, quando a malha urbana já extrapola muitas vezes os limites do seu projeto original e não é capaz de abrigar de forma decente nem seus habitantes, nem sua vegetação, nem seus rios. Com apenas 3,9% de sua superfície ainda coberta por vegetação, BH é a cidade que tem a menor cobertura verde das 10 maiores capitais do país. Em 2019, a cidade contava com 56 mil famílias sem casa própria[2] (alugando ou morando de favor). Além disso, 95,7 mil famílias vivem em casas inapropriadas, ou seja, sem esgoto, teto ou água. Dados do Censo 2022 mostram que 5,3 mil pessoas vivem nas ruas, sem um teto para se abrigar, enquanto 108 mil imóveis permanecem desocupados — número 20 vezes maior que a população sem-teto[3].

Quando a pandemia da Covid-19 chegou ao Brasil, em 2020, seus impactos tornaram ainda mais gritantes as mazelas que atingem as pessoas mais pobres, privadas de acessar o básico, como educação e seguridade social, e até mesmo de portar documentos de identidade ou certidão de nascimento[4]. No entanto, contrastes ficaram mais nítidos quando o mandamento "fique em casa" não foi aplicável

---

[2] PUC Minas: Número de famílias sem casa cresce em Belo Horizonte: https://nesp.pucminas.br/index.php/2022/04/22/numero-de-familias-sem-casa-cresce-em-belo-horizonte-apesar-de-novos-empreendimentos-imobiliarios/.

[3] Estado de Minas: o número de imóveis vazios em BH é 20 vezes a população em situação de rua: https://www.em.com.br/app/noticia/gerais/2023/07/05/interna_gerais,1516248/imoveis-vazios-equivalem-a-20-vezes-a-populacao-em-situacao-de-rua-em-bh.shtml.

[4] Cerca de 3 milhões de brasileiros não têm qualquer documento civil, nem mesmo certidão de nascimento, e são completamente invisíveis para o Estado, sem poder acessar serviços básicos, como os de saúde. Ver: https://agenciabrasil.ebc.com.br/radioagencia-nacional/geral/audio/2021-11/3-milhoes-de-brasileiros-nao-tem-registro-civil-de-nascimento.

para quem não tinha casa. Tampouco seria saudável para quem se aglomera com familiares em barracos e habitações precárias, sob risco de desabamento ou sem saneamento básico. Ocupar imóveis vazios se torna, em momentos como esse, uma questão ainda mais urgente para a sobrevivência.

Naquele ano de 2020, um número recorde de cerca de 100 mil pessoas[5] viviam em ocupações somente em Belo Horizonte, e o estado de Minas Gerais chegou a ter o segundo maior déficit habitacional do país, com 500 mil famílias[6] sem-teto. No centro da cidade, tornou-se visível o aumento de 22%[7] da população em situação de rua, recém-chegada devido à crise econômica deflagrada pela pandemia e pelas políticas de morte do governo federal.

De forma diferente dos movimentos de luta por terra e moradia estabelecidos e mais estruturados, que organizam e planejam com antecedência o surgimento de uma nova ocupação, movimentos novos como o MLP surgiram da demanda de organizar e construir solidariedade com ocupações que nasceram espontaneamente da auto-organização de pessoas sem-teto. Após a ocupação, que não é necessariamente planejada pelo movimento, militantes do MLP e de coletivos apoiadores, como a Kasa Invisível, juntam-se para buscar apoio material, social e jurídico para que as ocupações permaneçam.

Casas históricas, esquecidas num limbo legal entre a especulação e o abandono, tornaram-se lares numa nova onda de ocupações que surgiu para disputar e conquistar a moradia e demais direitos básicos que não são acessíveis sem um teto sobre a cabeça. Ocupações espontâneas, muitas surgidas no improviso, da noite para o dia, sem apoio de grandes movimentos ou entidades sociais, foram se organizando e, com o tempo, construindo redes, conforme as necessidades imediatas. Outras surgiram como fruto do desenvolvimento dessa forma de organização, abrigando parte da população com trajetória de rua, egressa do sistema prisional, imigrante, precarizada e excluída.

Essas iniciativas autônomas vêm na contramão de um refluxo das ocupações de prédios e de grandes territórios que marcaram as décadas de 2000 e 2010. Uma transição da ação direta para a

---

5 100 mil moradores de ocupações em 2020: https://www.otempo.com.br/cidades/ocupacoes-urbanas-de-bh-tem-recorde-de-100-mil-moradores-1.2351443.
6 Com cerca de 500 mil famílias sem-casa, MG é o 2º com maior déficit no Brasil: https://www.otempo.com.br/cidades/com-cerca-de-500-mil-familias-sem-casa-mg-e-o-2-com-maior-deficit-no-brasil-1.2516703.
7 Ver: População de rua cresce e chega a 11 mil em BH: https://www.otempo.com.br/cidades/populacao-de-rua-em-belo-horizonte-cresce-e-chega-a-11-mil-pessoas-em-2022-1.2750126.

"ação" parlamentar foi marcante e produziu consequências quando muitos dos movimentos de moradia foram freados pelas lideranças dos movimentos — que já são ou se tornam também lideranças partidárias — que escolheram se juntar à onda de restauração democrática de sua década para "ocupar a política" institucional, dos gabinetes, seus cargos e orçamentos. Processo semelhante vimos fracassar na Espanha, com o Podemos, e na Grécia, com o Syriza[8]. Isso refletiu em esvaziamento da luta direta e recuo na abertura de novas ocupações, ao mesmo tempo em que a demanda por moradia digna seguia aumentando.

Como diria o velho hino punk espanhol, "uma casa ocupada é uma casa encantada". Nem o fascismo, nem a covardia de tendências reformistas são capazes de frear a necessidade de construir o apoio mútuo e partir para a ação direta para solucionar os problemas de quem sofre as dores do capitalismo. Para seguir lutando por um mundo em que a propriedade não valha mais que a vida, é preciso seguir encantando e nos deixando encantar pela esperança de construirmos novos espaços e relações — e não apenas nos deixar seduzir pelo canto da sereia que torna espíritos revolucionários em meros militantes por profissão, funcionários da política institucional em busca de verbas de fundos partidários, cargos, prestígios pessoais.

E foi como fruto dessa busca por refúgio, em meio à tempestade política e à virulência (literal e metafórica) de um governo alinhado ao conservadorismo fascista e de uma gestão de morte, que surgiram as ocupações que ilustram esta publicação. Quando a estratégia hegemônica da esquerda era "esperar o fascismo derreter por si só", aguardando que as eleições funcionassem como a vacina para uma pandemia, antifascistas tomaram as ruas e excluídos de diferentes contextos partiram para a ação direta, ocupando casas e lutando por seus direitos. É porque estivemos lá, com outras pessoas que não sabem nem podem esperar, que contamos hoje estas histórias.

❊ ❊ ❊

---

8   "Do 15M ao Podemos — A regeneração da democracia espanhola e a maldita promessa do caos": https://faccaoficticia.noblogs.org/post/2016/09/06/15m/.

Nosso lugar no mapa e no conflito social

Sem uma linguagem compartilhada, nunca há possibilidade de compartilhar qualquer riqueza. O comum da linguagem é construído apenas na luta e a partir da luta.
— Marcello Tarì

A globalização do capitalismo teve por efeito fragilizar, pauperizar e marginalizar largas franjas das classes populares. Face às "desordens locais" que daqui resultam em violência, incivilidade e insegurança, os poderes públicos põem a funcionar dispositivos de "pacificação" para os quais o urbanismo e a arquitetura são chamados a contribuir.

A reconfiguração do espaço público deve, ao mesmo tempo, dissuadir o novo "inimigo interno" de passar à ação e facilitar a repressão, confirmando assim a ligação entre o urbanismo e a manutenção da ordem social.
— Jean-Pierre Garnier, *Um espaço indefensável*

Casa Invisível é uma ocupação que se localiza no encontro entre a Avenida Bias Fortes, a Rua dos Guajajaras e a Rua Santa Catarina, formando uma esquina em forma de asterisco, salpicada de edificações históricas que já chegaram a ter cinco casas ocupadas durante a pandemia da Covid-19. Hoje, quatro delas ainda resistem, no último quarteirão do Bairro Lourdes, considerado "nobre" e com um dos metros quadrados mais caros da cidade.

A Avenida Bias Fortes tem cerca de dois quilômetros e meio de comprimento, começando na Praça da Liberdade, onde fica o Palácio da Liberdade, atravessando a icônica Praça Raul Soares e seguindo na direção norte até a Avenida do Contorno. Ali, a Av. Bias Fortes se torna Viaduto Helena

Greco — antigo Viaduto Castelo Branco —, passa por cima tanto da Avenida do Contorno quanto da linha do trem e segue para os bairros da região noroeste.

A região da Praça Raul Soares, da qual a Kasa Invisível faz parte, foi onde ocorreram as primeiras ocupações de terrenos por trabalhadores pobres, ainda nos primórdios da história da cidade. Desde as primeiras remoções realizadas no início do século XX, as elites tentaram diversas vezes higienizar e policiar a Praça Raul Soares e o seu entorno, enquanto ela se consolidou como fronteira entre uma BH burguesa, gentrificada, e um hipercentro popular, comercial, percorrido por trabalhadores informais e pessoas em situação de rua — todos os corpos que a cidade sonhada pelas elites busca invisibilizar ou eliminar.

Nossa Kasa se situa, portanto, na fronteira entre dois mundos ligados por uma linha reta de asfalto: em um extremo, um complexo arquitetônico e cartão-postal da cidade que inclui o antigo palácio sede do governo do terceiro maior estado do país — onde decisões que afetam diretamente nossas vidas são tomadas; noutro, um viaduto que serve de abrigo para pessoas em situação de rua, rodeado por pontos de reciclagem de sucata, bocas de crack, onde gente excluída da sociedade tenta sobreviver revirando lixo, comendo o que encontra, aquecendo-se com cachaça barata e outras substâncias para esquecer o que não se pode mudar. Imagens de um céu e de um inferno que sempre nos lembram que estamos geográfica e socialmente muito mais próximos dos de baixo do que daqueles no topo.

Essa oposição territorial não é a única coisa que passa despercebida nesse pedaço de chão que percorremos e ocupamos há uma década. Aliás, toda a cidade está cheia de pontos cegos que deixamos escapar no passo automático da rotina. No caminho que liga o viaduto dos desabrigados ao palácio dos governantes, passamos por castanheiras e ipês que anunciam a chegada da primavera. Com alguma atenção, é possível ver também pés de amora, abacate, goiaba, manga e mamão entre postes e placas. Se subimos a avenida sentido Praça da Liberdade, cruzamos a Rua São Paulo, que esconde, debaixo do asfalto, sepultado vivo entre manilhas e pedras, o Córrego do Leitão, que nasce no Bairro Santa Lúcia e cruza ruas e avenidas até chegar à Avenida dos Andradas, onde também está parcialmente encoberto o Rio Arrudas. Nos dias de chuva intensa de verão, agravadas pelo caos climático, os rios se rebelam contra sua invisibilidade forçada, retornando à superfície e fazendo das ruas adjacentes seus afluentes, carregando tudo o que há no seu caminho. Assim, as ruas São Paulo, Tupis e Padre Belchior tornam a ser vias fluviais — mesmo que temporárias —, revirando o chão, levando lama e entulho para as sofisticadas ruas do bairro de Lourdes e do baixo Centro.

※ ※ ※

Os registros rabiscados e as histórias escritas neste livro são tentativa de transbordar nossos caminhos, como fazem os rios sufocados de nossa metrópole, ou as ervas rachando o asfalto e o concreto inertes, para trazer à superfície um cotidiano de conflitos e de luta pela existência. Essa é minha humilde contribuição para a memória das lutas que travamos, registrada pelo olhar e pelas vozes de tantas companheiras e companheiros. Que esta mensagem se propague para além do tempo, que nossa solidariedade não respeite fronteiras, cercas, muros ou as letras frias da lei e dos tratados internacionais sobre direitos meramente simbólicos, para que, como Dona Maria Papuda e todos os povos escravizados, explorados, excluídos e despejados, possamos seguir nos organizando, revidando e tomando de volta o que é nosso, assombrando os sonhos dos que se autoproclamam governantes e donos dessas terras.

※ ※ ※

Sobre o que ficou de fora: a maior parte dos conflitos fundiários em Belo Horizonte

> *Nós éramos da rua. Nossa profissão foi a revolução. Foi tudo que fizemos. Não tínhamos emprego, não éramos estudantes, tudo que fizemos foi radical. Uma militância radical. Verdadeiramente permanente. De manhã à noite, todos os dias. Dávamos comida de graça às pessoas, tínhamos um apartamento (que chamávamos de "sala de jantar") onde as pessoas podiam ficar sem pagar. Também tínhamos roupas disponíveis. Tudo que fazíamos era de graça.*
> — Ben Morea, *Up Against the Wall! Motherfuckers*

escolha por retratar com ilustrações e fotografias, acompanhadas de artigos e entrevistas sobre as ocupações e seus habitantes, vai além de gosto pessoal pelo desenho e por projetos gráficos ou arquitetônicos. Como comprova o trabalho do fotógrafo Enrique Metinides, que registra acidentes e cenas de crimes com olhar quase cinematográfico, um modo sensível e subjetivo de registrar eventos do cotidiano tem o potencial de perdurar. Se jornais ou panfletos envelhecem e perdem impacto com o tempo, tornando-se documentos que interessam apenas a pesquisadores, trabalho artístico pode ser estratégia de produzir registro atemporal. Com o desenho, busco olhar e refazer o que é retratado e convidar os sujeitos a percorrer comigo essas linhas rabiscadas e escritas.

Busquei inspiração direta em outras obras, como o livro *Antes que acabe*, de João Galera[9], que ilustra dezenas de casas antigas na mira da especulação imobiliária que destrói e reconfigura constantemente a cidade de São Paulo. Porém, mais importante do que as fachadas de casas históricas, acho proveitoso investigar a vida e as histórias de resistência que atravessam esses espaços.

Uma vez reunida, essa coleção de relatos e registros de 20 casas ocupadas em Belo Horizonte pode parecer, para um olhar de fora da cidade ou não familiarizado com as lutas por moradia e terra, parte de grande tendência ou de modelo predominante de ocupação urbana na região. Na realidade, é uma uma amostra muito particular de um momento e um cenário específicos, inseridos num contexto muito mais amplo.

Como já foi colocado, mais de 100 mil pessoas vivem em quase 80 ocupações, incluindo as de prédios, casas e terras somente na Região Metropolitana de Belo Horizonte[10]. Se colocadas em perspectiva, 20 casas antigas, com algumas dezenas — ou mesmo centenas — de ocupantes, são parcela muito pequena, bem menos de 1%, do número de pessoas vivendo em ocupações na nossa cidade. Representam evento raro e digno de nota, pela sua força e por suas conquistas mesmo num contexto tão desfavorável. Mas é preciso ressaltar que o cenário de luta fundiária em que nos situamos é muito maior e mais complexo do que este livro pode contar.

---

9   Ver: https://www.joaogalera.com/antes-que-acabe.
10 Ver o artigo de Clarissa Campos neste livro.

Ao escolhermos retratar casas residenciais antigas abandonadas que se tornaram ocupações de moradia ou centros comunitários, deixamos de fora outras ocupações parceiras tão importantes quanto. É o caso do Espaço Comum Luiz Estrela, que leva o nome de um emblemático artista de rua morto misteriosamente durante o mês de junho de 2013. O espaço foi ocupado em 2013, no calor dos levantes que tomaram o país naquele ano, contra os custos do transporte, tornando um antigo hospital militar e sanatório infantil num centro de cultura e política anticapitalista, anticolonial, abrigando teatro, cozinha comum, ações permaculturais, música e outras atividades. Importa mencionar, igualmente, a Ocupação Anita Santos, iniciada em 2018, quando cerca de 20 famílias ocuparam um terreno da companhia estatal de trens e ferrovias. Ela também é organizada pelo MLP, que organiza ações como a Cozinha Comunitária e distribui, em parceria com o Movimento da População de Rua e com a Pastoral de Rua, centenas de refeições grátis semanalmente. O MLP organiza uma dúzia de ocupações de casas e terrenos em Belo Horizonte e região, incluindo o prédio de 8 andares da Ocupação João e Maria, no município de Contagem. A Ocupação Vicentão, surgida, em 2018, dos movimentos Brigadas Populares, da Associação Morada de Minas Gerais, da Associação dos Moradores de Aluguel da Grande Belo Horizonte (Amabel) e da Intersindical, contava com 90 famílias. Foi desalojada em 2020, com a promessa de que os moradores teriam direito a auxílio para pagar aluguel, porém o acordo nunca foi cumprido e muitos moradores voltaram às ruas, somando-se aos que ocuparam as casas aqui retratadas, muitas delas organizadas pelo MLP.

Na região central da cidade, se destacam algumas grandes ocupações, como a Pátria Livre, surgida em 2017 quando 13 famílias de moradoras da Pedreira Prado Lopes, a mais antiga favela de BH, se organizaram com o Movimento de Trabalhadoras e Trabalhadores por Direitos (MTD) para ocupar e criar, em um galpão e um terreno, uma moradia e centro cultural, que conta até mesmo com padaria popular. A Ocupação Carolina Maria de Jesus, organizada pelo Movimento de Luta nos Bairros, Vilas e Favelas (MLB), surgida num antigo prédio público na Avenida Afonso Pena, hoje abriga 200 famílias num prédio de 15 andares, na Rua Rio de Janeiro, no coração da cidade. O MLB também organiza a Ocupação Maria do Arraial, na Rua da Bahia, ocupada em 2023.

É preciso salientar, entretanto, que as maiores ocupações em termos de território e habitantes não são as ocupações verticalizadas, de prédios na região central, mas as ocupações horizontais, de terrenos ociosos que são ocupados e se tornam verdadeiros bairros da cidade, onde os movimentos e moradores são responsáveis pela urbanização, abrindo vias e construindo estruturas para redes de esgoto e elétrica.

Na virada da década de 2000 para 2010, houve tendência em diminuir a ocupação de prédios nas áreas centrais e focar a ocupação de terrenos periféricos, para evitar a repressão, apostar na autoconstrução dos imóveis pelos ocupantes e criar novos territórios populares. São exemplos a Ocupação Camilo Torres, de 2008, no Bairro Barreiro, abrigando 140 famílias, e a Ocupação Dandara, que surge no Bairro Céu Azul em 2009, com 150 famílias que partiram para a ação direta no mesmo ano em que o governo PT criava o programa de habitação popular Minha Casa, Minha Vida. Hoje, cerca de 2.500 famílias residem no local.

Surgida em 2012, a Ocupação Eliana Silva também se mantém ativa, com 350 famílias organizadas novamente pelo MLB. Quando a ocupação surgiu, ficou sitiada por viaturas da Polícia Militar que impediam a entrada de pessoas, mantimentos e auxílio médico. Depois de uma tentativa de remoção, as famílias retomaram outro terreno próximo. O descaso das autoridades era visível também quando se negavam a autorizar a ligação de água para a região, e só cederam quando moradores se organizaram e sequestraram um caminhão da COPASA, empresa estatal de água. Outra importante ocupação de território, organizada pelo MLB, é a Ocupação Paulo Freire, no Bairro Barreiro. Ocupada em 2015, resiste abrigando cerca de 200 famílias. Próximo da região central, podemos citar a Ocupação Vila Fazendinha, iniciada em 2019 por moradores da Vila Esperança, favela no bairro Calafate. Cerca de 30 famílias ocuparam um terreno ocioso do Estado e logo ergueram casas, horta e espaço para criação de cavalos. A Vila Fazendinha é organizada com apoio do Movimento Organização de Base (MOB-MG), movimento de luta por moradia, independente de partidos e outras instituições. O MOB também esteve atuante desde o início da Ocupação Guarani Kaiowá, em 2013, em Contagem, bem próximo de Belo Horizonte. Foi mais uma ocupação de terreno impulsionada pelas lutas de 2013.

Dentre outros exemplos de ocupações e disputas por terra em Belo Horizonte e região, encerramos com o maior conflito fundiário das Américas: a ocupação da chamada Região da Izidora surge também em 2013, composta pelas ocupações Esperança, Helena Grego, Rosa Leão e Vitória. Juntas, são compostas por 8 mil famílias, num total de 28 mil pessoas, distribuídas em área de cerca de 10 km² no norte de Belo Horizonte.

Não podemos deixar de mencionar os Quilombos (ou Kilombos) urbanos que compõem área importante na luta por território para morar, praticar sua cultura e seu modo de vida. Belo Horizonte tem oficialmente cinco quilombos urbanos: Manzo Ngunzo, Souza, Luízes, Mangueiras, Kaiango e a Irmandade Os Carolinos.

* * *

O contexto amplo da luta por moradia, por terra e por território no Brasil é tão grande quanto as dimensões continentais do país e tão antigo quanto a guerra de dominação que os portugueses travaram ao chegar na costa brasileira para moldar os próximos 500 anos de exclusão e extermínio dos povos originários e africanos.

Quanto ao período chamado "democrático" do país, para pensarmos a história recente, notamos que o Movimento dos Trabalhadores Rurais sem Terra (MST) ainda é considerado um dos maiores movimentos sociais do mundo. Completando 40 anos em 2024, ele tem cerca de 1,3 milhão de membros e assentados em territórios organizados pelo movimento[11].

O MST surgiu no fim da Ditadura Civil-Militar brasileira (1964-1985), como parte de amplo movimento pela redemocratização e pela garantia de direitos básicos. O direito à moradia teve destaque nessas movimentações. Com a nova Constituição de 1988, que inaugurou o período democrático atual, foi estabelecida por lei a "função social da propriedade", isto é, seu uso para moradia, produção de alimentos e benefício da coletividade. Acumular terras para mera especulação passou a ser "um desrespeito à lei" e ocupar para dar uso social a pessoas sem terra ou casa passou a ser algo reconhecido como direito perante a Justiça. Essa abertura permitiu que a luta por meio da ação direta de ocupar tivesse também êxito nas disputas legais. Isso tem efeitos

---

11 Veja: https://www.brasildefato.com.br/2024/01/22/mst-completa-40-anos-e-se-torna-o-movimento-popular-campones-mais-longevo-da-historia-do-brasil.

positivos nas estratégias dos movimentos, desde o início do MST até as lutas das ocupações de casas e prédios na nossa década.

Por outro lado, a sacralidade da propriedade privada se mantém viva e estará acima de tudo para grande parte dos juízes e legisladores, especialmente para as classes proprietárias e seus jagunços dentro e fora das polícias. A luta por terra no Brasil é extremamente violenta e mata dezenas de camponescs, ambientalistas, quilombolas e indígenas anualmente. As agências de inteligência estatais, como a ABIN, as escolas militares e suas doutrinas seguem as mesmas desde a Ditadura, pregando que "o inimigo do Brasil é interno", ou seja, os camponeses, os indígenas, os sem-teto e o traficante de drogas — se for pobre, negro e morador das periferias.

Desse modo, celebramos este pequeno registro como pequena parte de grande luta. Enquanto isso, seguiremos nos organizando, lutando, construindo a solidariedade, pelo fim da propriedade privada e de seu mundo.

*** *** ***

Ocupações

1. Ocupação Vida Nova
Rua Bernardo Guimarães, 1645

Situada na esquina entre as ruas Espírito Santo e Bernardo Guimarães, a Ocupação Vida Nova já era ocupação espontânea por mais de uma década, com um único morador fixo, que residia nos fundos do imóvel e cuidava de carros na região. Em 2022, durante a pandemia da Covid-19, famílias que estavam em outras casas organizadas pelo MLP se juntaram para também ocupar e organizar o casarão, que hoje conta com cozinha comunitária que faz toda semana centenas de refeições para distribuir gratuitamente à população em situação de rua.

2. Ocupação Famílias Unidas
Rua Silva Jardim, 387

A Ocupação Famílias Unidas fica na Rua Silva Jardim, próximo da movimentada e boêmia Rua Sapucaí. Ocupada em 2021, abriga ao menos 5 núcleos familiares, incluindo pessoas que já moraram em outras casas também organizadas pelo MLP.

3. Ocupação Santa Catarina ou Casa Rosa
Rua Santa Catarina, 450

A Ocupação Santa Catarina teve início em 2021, entre a Rua Santa Catarina e a Av. Bias Fortes, na mesma esquina onde já existia a Ocupação Kasa Invisível e onde mais tarde também surgiu a Ocupação Anyki Lyma. O imóvel esteve vazio por anos e em ótimo estado. Nos fundos, uma garagem e um pequeno cômodo com banheiro também foram transformados em moradia.

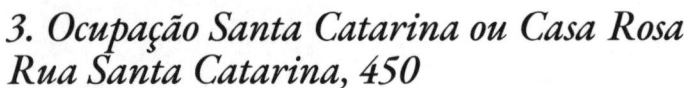

4. Ocupação Kasa Invisível
Av. Bias Fortes, 1034

A Ocupação Kasa Invisível surgiu em 2013, materializando em espaço físico o espírito de rebeldia, radicalidade, autonomia, ação direta e busca por autogestão e liberação de territórios. Em uma década de atividade, o coletivo conseguiu limpar, reformar e estruturar os 3 imóveis construídos em 1938 e abandonados por quase 20 anos, sofrendo diversos danos, sendo afetada pela chuva e tendo diversas estruturas roubadas. Em parceria com estudantes e professoras da Universidade Federal de Minas Gerais e da Universidade Federal de São João del-Rei, foi produzido um levantamento que permitiu o tombamento do imóvel, devido a seu valor cultural e histórico, impedindo que seja demolido para qualquer fim. Com apoio exclusivamente da comunidade, por meio de doações, venda de comida e materiais como camisetas, zines e livros, a Kasa consegue se manter e melhorar a cada dia o espaço, que abriga biblioteca, ateliê de serigrafia, gráfica, cineclube, um bar vegano e recebe todo tipo de evento cultural e político.

5. Ocupação Aniky Lima
Rua Santa Catarina, 455

A Ocupação Anyki Lyma começou em abril de 2021, na esquina da rua Santa Catarina com a Av. Bias Fortes, como demanda por mais espaço para famílias que chegavam na Ocupação Santa Catarina. Foi nomeada em homenagem a Aniky Lima, travesti e militante dos direitos das travestis e transsexuais falecida naquele ano, aos 65 anos de idade. Em agosto do mesmo ano, a empresa de aluguel de carros Localiza, apoiadora financeira da campanha fascista de Jair Bolsonaro, entrou com pedido de despejo. Com apoio de membros da Kasa Invisível, do MLP e do MLB, moradores marcharam até a prefeitura, forçando uma reunião para conquistar o direito à Bolsa Moradia e a estadia em uma pousada enquanto aguardavam lugar para ir.

6. *Casas Geminadas*
Av. Bias Fortes, 344

Duas casas geminadas na Av. Bias Fortes, número 350, estavam abandonadas há pelo menos uma década. Quando pessoas sem-teto se organizaram para ocupá-las no auge da pandemia da Covid-19, em maio de 2021, rapidamente foram abordadas por supostos proprietários que conseguiram negociar ilegalmente "uma saída pacífica" dos ocupantes.

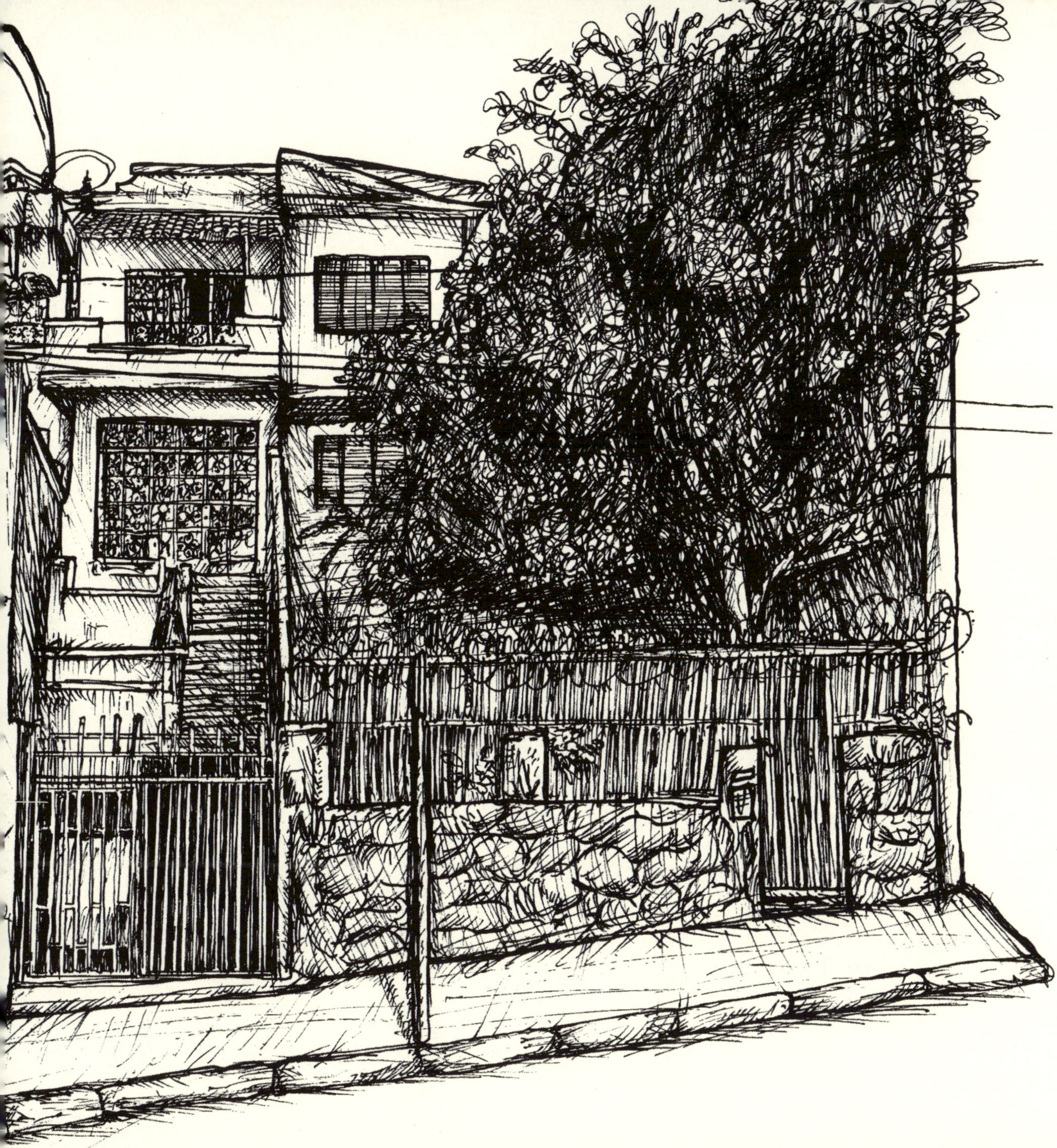

7. Ocupação Casa Verde ou Castelinho
Av. Olegário Maciel, 1247

O casarão verde na Av. Olegário Maciel, 1247, parece um pequeno castelo e ficou abandonado por quase uma década até que foi ocupado por pessoas em situação de rua, catadores de materiais recicláveis e pessoas que só usavam o espaço para passar a noite. Em janeiro de 2021, passou a ser organizada com membros do MLP, quando foi batizada de Casa Verde e ganhou o apelido de Castelinho. A empresa dona do imóvel tentou despejar os ocupantes várias vezes, até que uma briga interna resultou no assassinato do camarada Israel, conhecido como Baiano. O fato chamou a atenção e ajudou a acelerar o processo de despejo, que aconteceu no final de 2021.

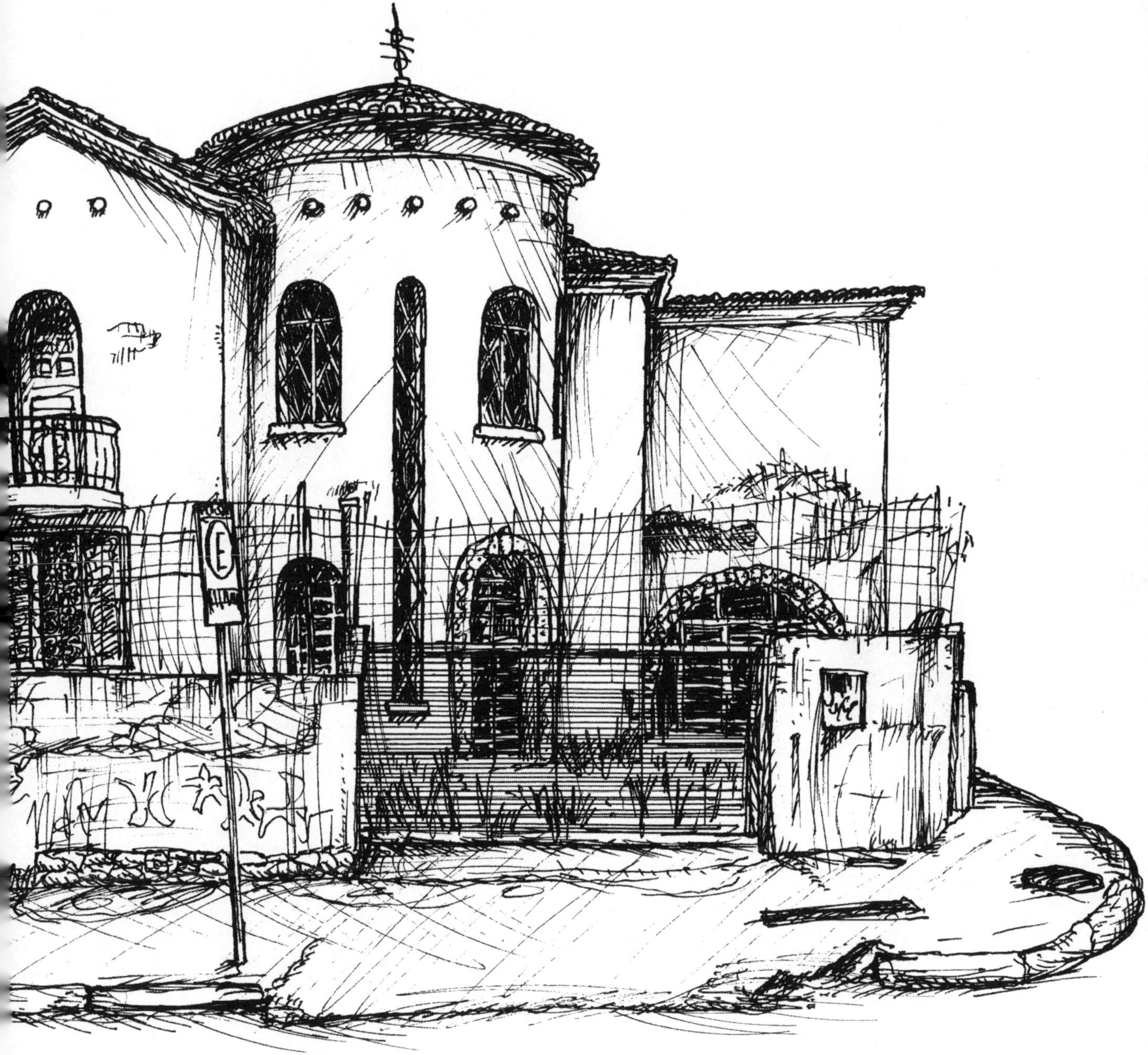
E

8. Ocupação SP
Rua São Paulo, 1480

Ocupada em 2019, a Ocupação São Paulo foi a primeira ocupação no Centro organizada pelo então recém-criado MLP. Ela resiste ainda hoje, mesmo após intensa troca de moradores, um despejo, uma reocupação e muita repressão pela Polícia Militar, que chegou a agredir diversas vezes os moradores, invadir, cortar mangueiras de gás de cozinha para provocar incêndio — que felizmente foi evitado — e derrubar o portão com a viatura.

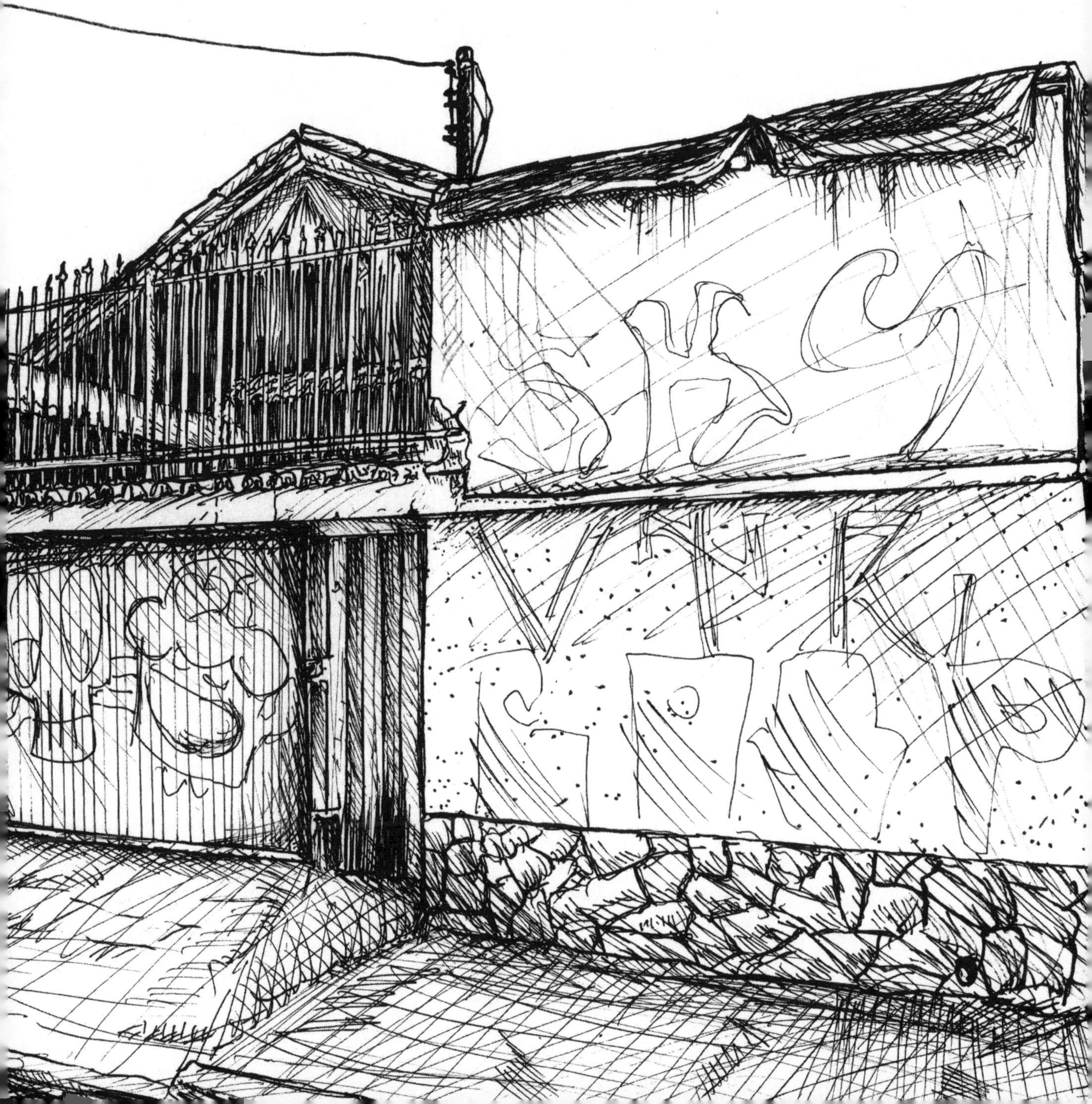

9. Av. Amazonas, 3415

A Ocupação "da Amazonas" nasceu em 2022 e teve vida curta. Abrigou famílias despejadas da Ocupação Anyky Lima e Casa Verde. Sofreu desocupação sem ordem de despejo ainda em 2022.

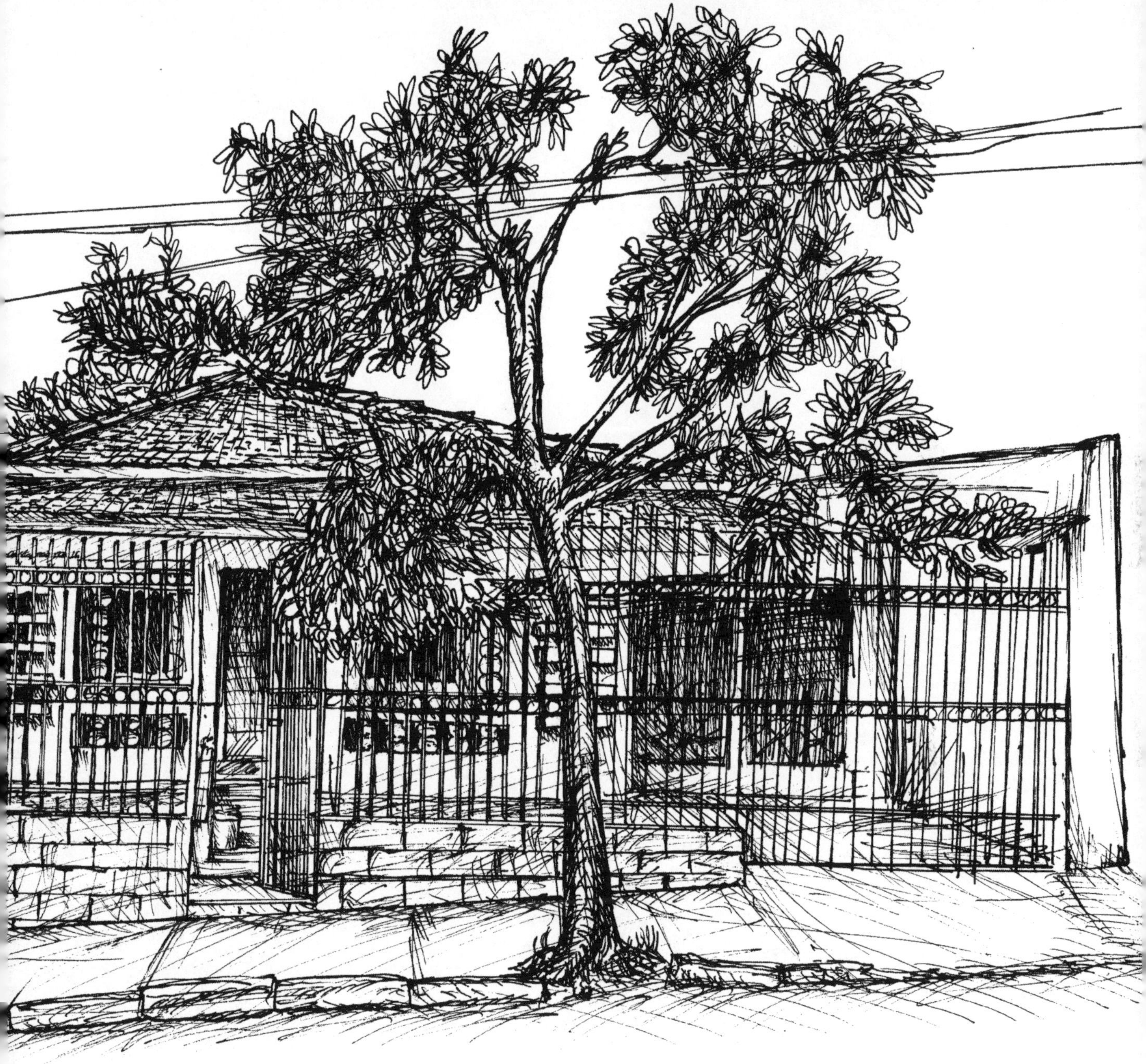

10. *Ocupação Amazonas*
Av. Amazonas Sto Antonio, 1848

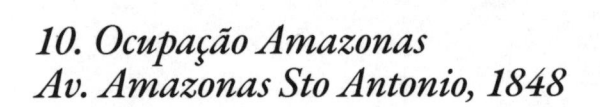

A Ocupação Amazonas surgiu em 2023, organizada pelo MLP, alocando várias famílias e pessoas com trajetórias de vida nas ruas. Ela foi despejada de forma truculenta e sem o devido processo legal em junho do mesmo ano. Alguns ocupantes encontraram abrigo na Ocupação Maria do Arraial, organizada pelo MLB, no mês seguinte.

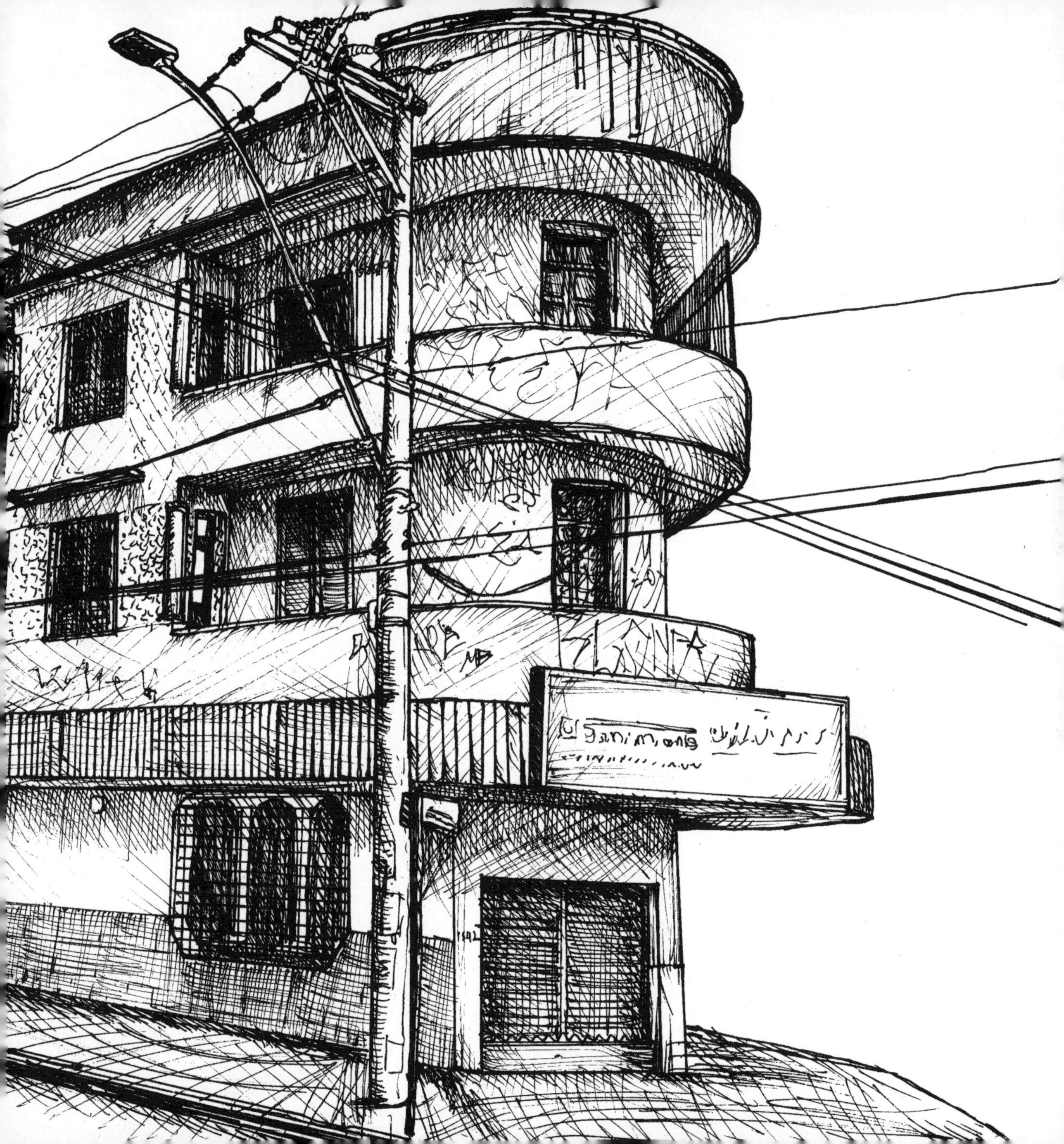

11. Ocupação Tamoios
Rua Tamoios, 40

A Ocupação Tamoios surgiu no fim de 2020, tomando o segundo e terceiro andar de uma edificação na rua Tamoios, número 40, próximo ao Viaduto Santa Tereza e ao Parque Municipal. Os andares de cima estavam vazios e tinham entrada independente das lojas que funcionavam no andar térreo. Ela abrigou uma dezena de famílias organizadas com o MLP. Não resistiu à infiltração e atuação do tráfico de drogas e sofreu despejo em 2023.

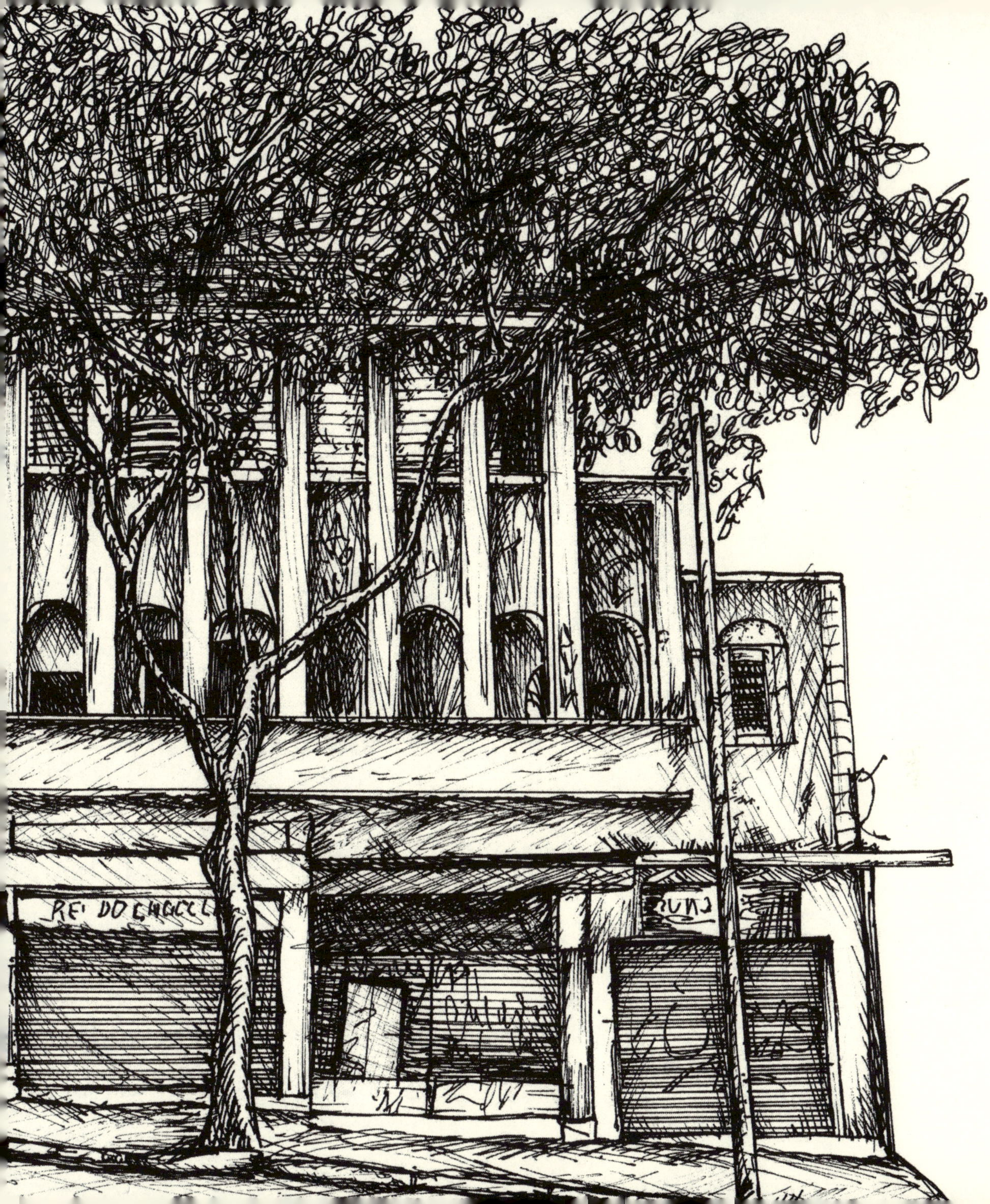

12. Ocupação Rio de Janeiro
Rua Rio de Janeiro, 2258

A Ocupação RJ teve também curta duração. Organizada de forma autônoma, sem apoio direto de nenhum movimento, surgiu e foi desalojada em 2022. Moradores foram para outras ocupações do Centro ou voltaram para a rua.

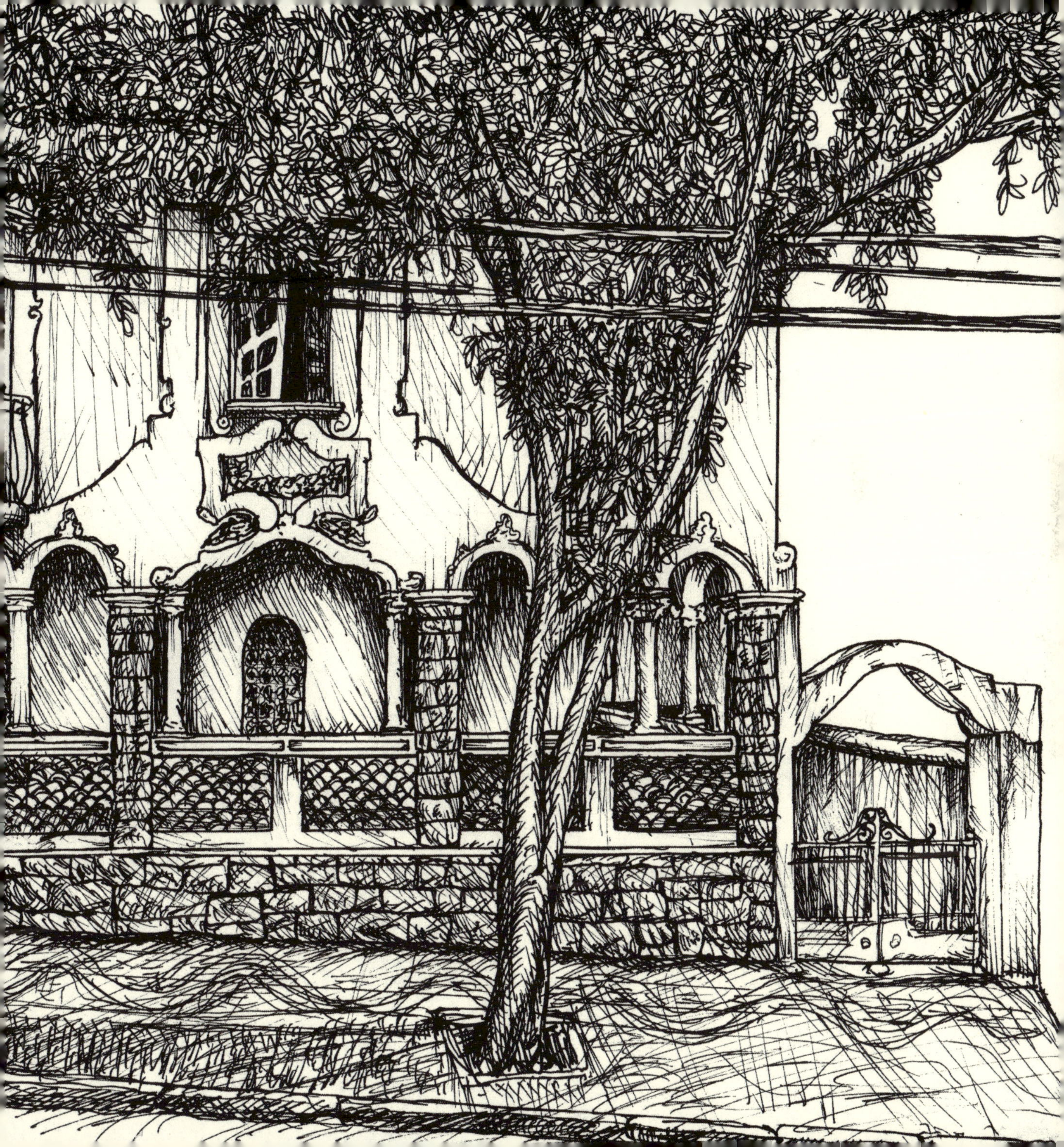

13. Ocupação Barbacena
Av. Barbacena, 445

A Ocupação Barbacena foi ocupada durante anos por pessoas em situação de rua, mas apenas em 2021 passou a ser organizada com apoio do MLP. Sofreu incêndio em maio de 2022 e seguiu ocupada até junho de 2023, quando foi despejada de forma irregular e sem aviso, na véspera de uma reunião da Mesa de Diálogo das Ocupações do Estado.

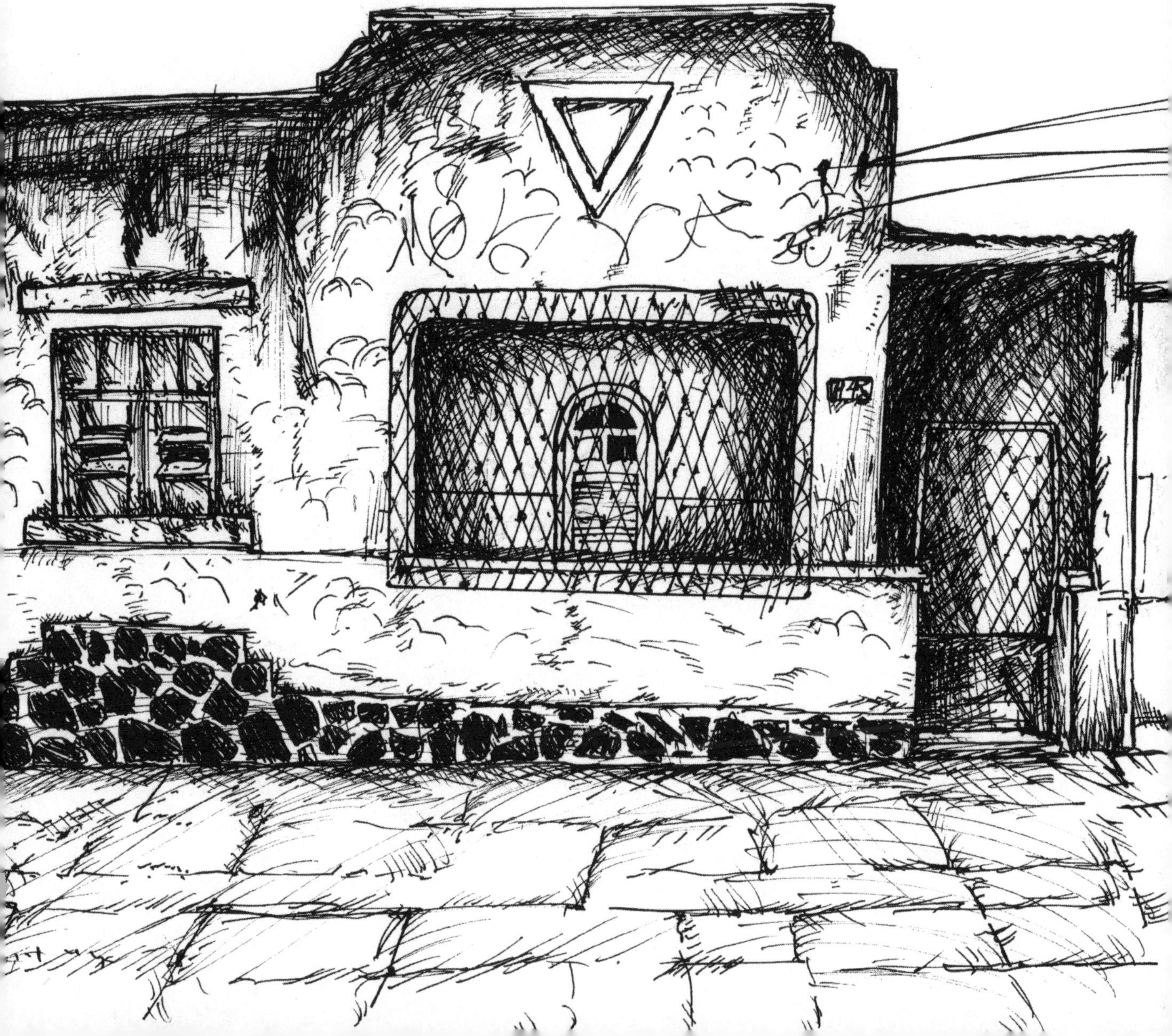

14. Ocupação Chácara
Rua Tombos, 129

O terreno da Ocupação Chácara era como um pequeno oásis arborizado no encontro do único quarteirão da Rua Tombos com a movimentada Av. Tereza Cristina, que liga o Centro à região oeste de Belo Horizonte. Ocupada em 2019, dispunha de antigo casarão de um andar apenas, com pátio e pequeno barracão de alvenaria, circulados por diversas árvores frutíferas e amplo jardim. Chegou a abrigar mais de 10 famílias, que construíram barracas improvisadas. Houve tentativa de despejo e uma negociação informal para remover os ocupantes em 2022. Uma vez vazia, os proprietários derrubaram tanto a casa quanto as árvores, desfigurando o terreno e aguardando o avanço da especulação imobiliária.

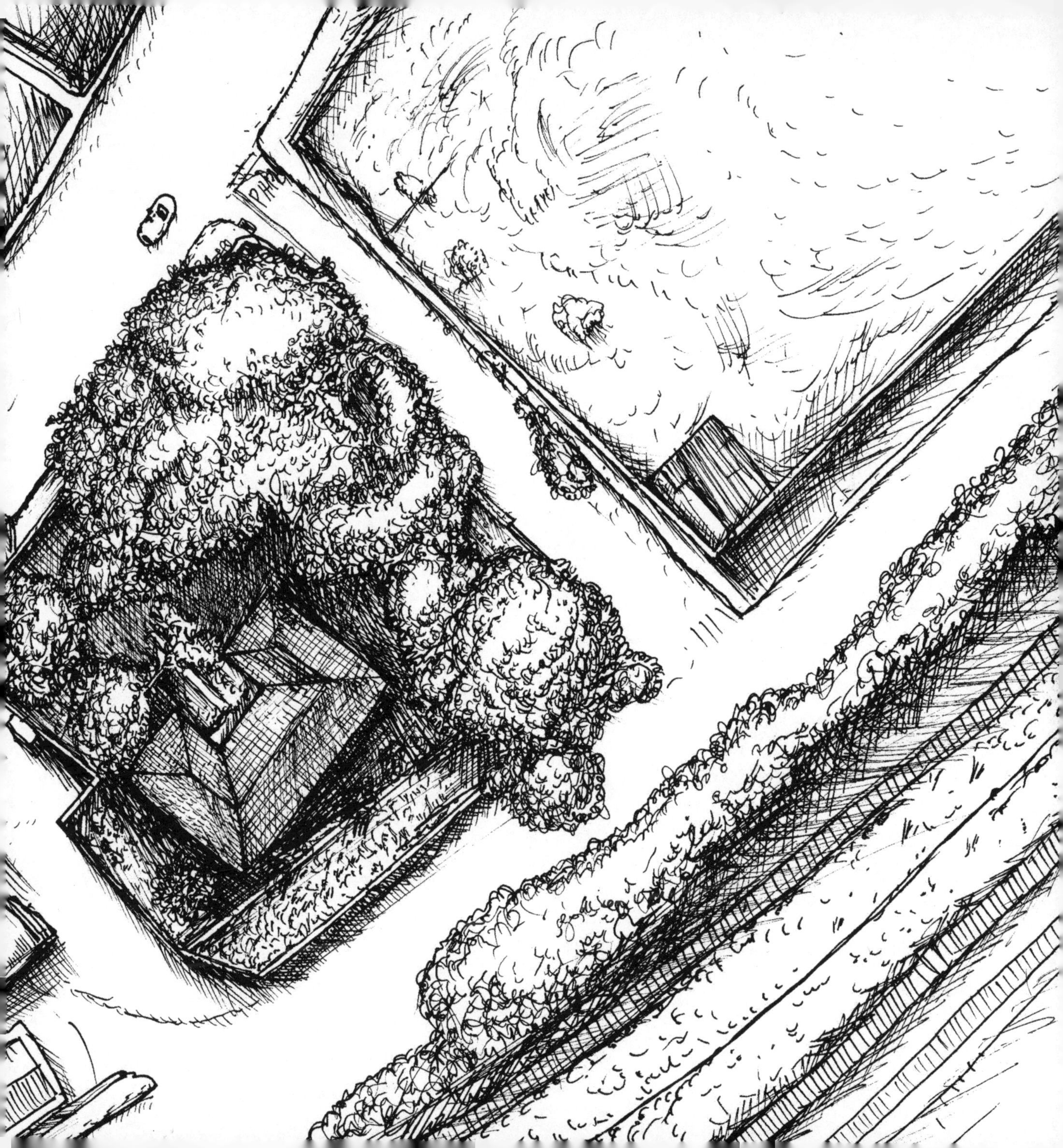

15. Ocupação Santa Efigênia
Rua Niquelina, 575

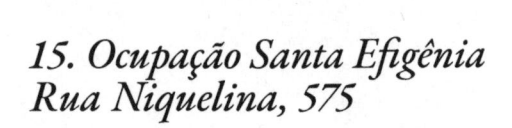

A Ocupação Santa Efigênia surgiu em 2021 e segue ativa até hoje, abrigando famílias organizadas com o MLP, no encontro entre as regiões central e leste de Belo Horizonte.

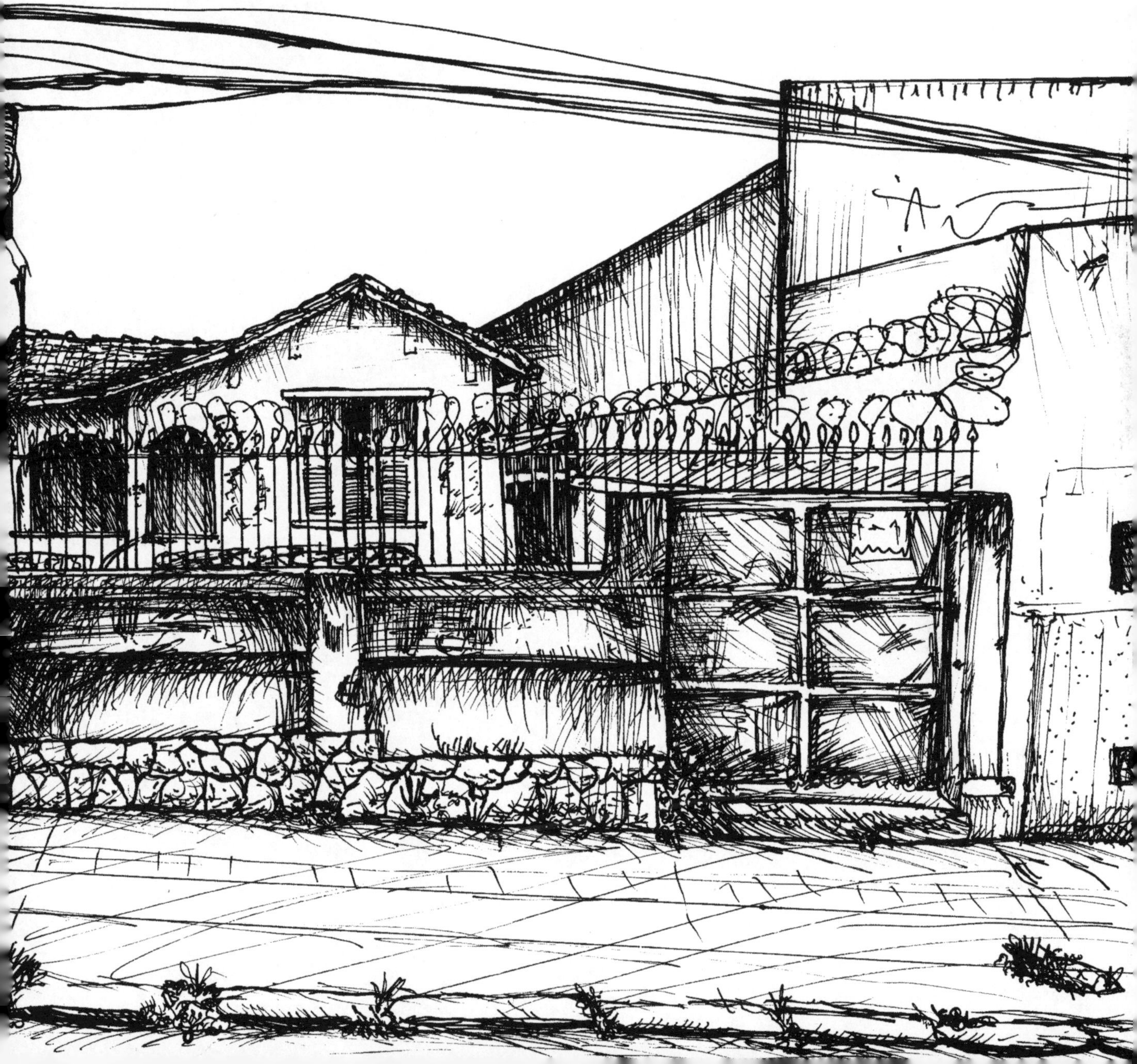

16. Ocupação Niquelina
Rua Niquelina, 696

A Ocupação Niquelina ficava na rua de mesmo nome, pouco abaixo da Ocupação Santa Efigênia. Iniciada em 2022, a ocupação foi uma das que teve o final mais trágico. O espaço abrigava famílias que também lutavam pelo direito à moradia depois de serem despejadas da Ocupação Vicentão. Em 16 de fevereiro de 2023, Welington Felix, um dos frequentadores do espaço, e que estava também em situação de rua, supostamente chegou alterado e ateou fogo em materiais reciclados reunidos no local — alguns moradores viviam da renda da reciclagem. O incêndio se propagou, e a polícia chegou e disparou contra Welington, que morreu na hora. Depois da tragédia, alguns moradores seguiram habitando os escombros até serem despejados meses depois. Hoje a casa foi demolida.

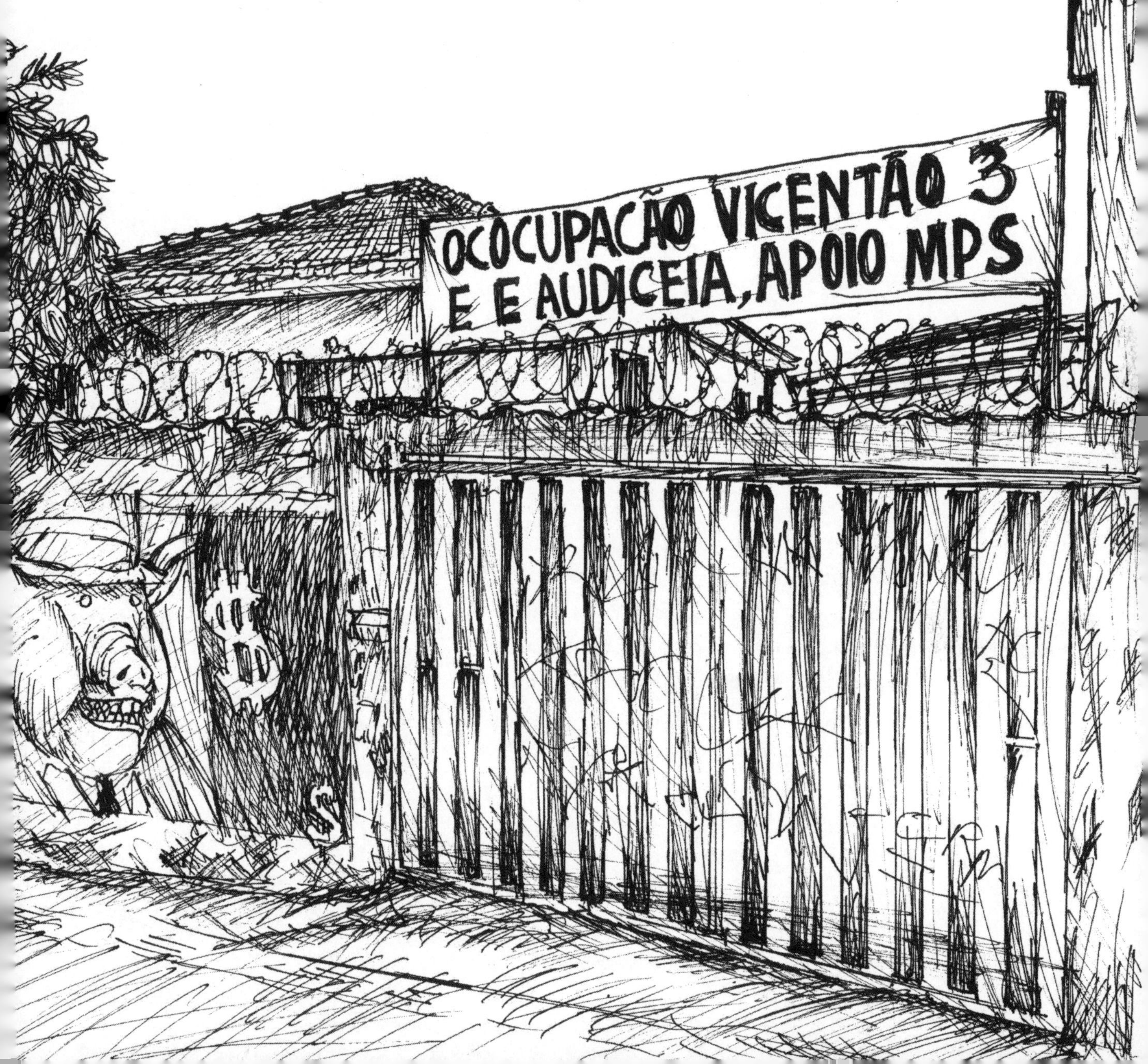
OCOCUPACÃO VICENTÃO 3
E E AUDICEIA, APOIO MPS

17. Ocupação Sem Nome
Rua Quintiliano, 115

A ocupação de um casarão antigo que atravessa o quarteirão na Rua Quintiliano, situada no bairro nobre do Santo Antônio, durou poucos anos e foi despejada em 2022. Um casal de uma mulher trans e um homem habitava o espaço que, na época de nossa visita, não tinha nem portão, nem portas, nem trancas. O espaço da casa era amplo, contava com imenso quintal e varanda com pergolado em ruínas. Estava repleto de materiais recicláveis que eram separados para vender e gerar renda, além de muito material deixado por visitantes que usavam esporadicamente o espaço, de forma predatória. O casal morava ali com seus cães de estimação e não estava em contato com nenhum movimento ou coletivo. O despejo aconteceu subitamente, antes que pudéssemos colocá-las em contato com algum movimento de moradia.

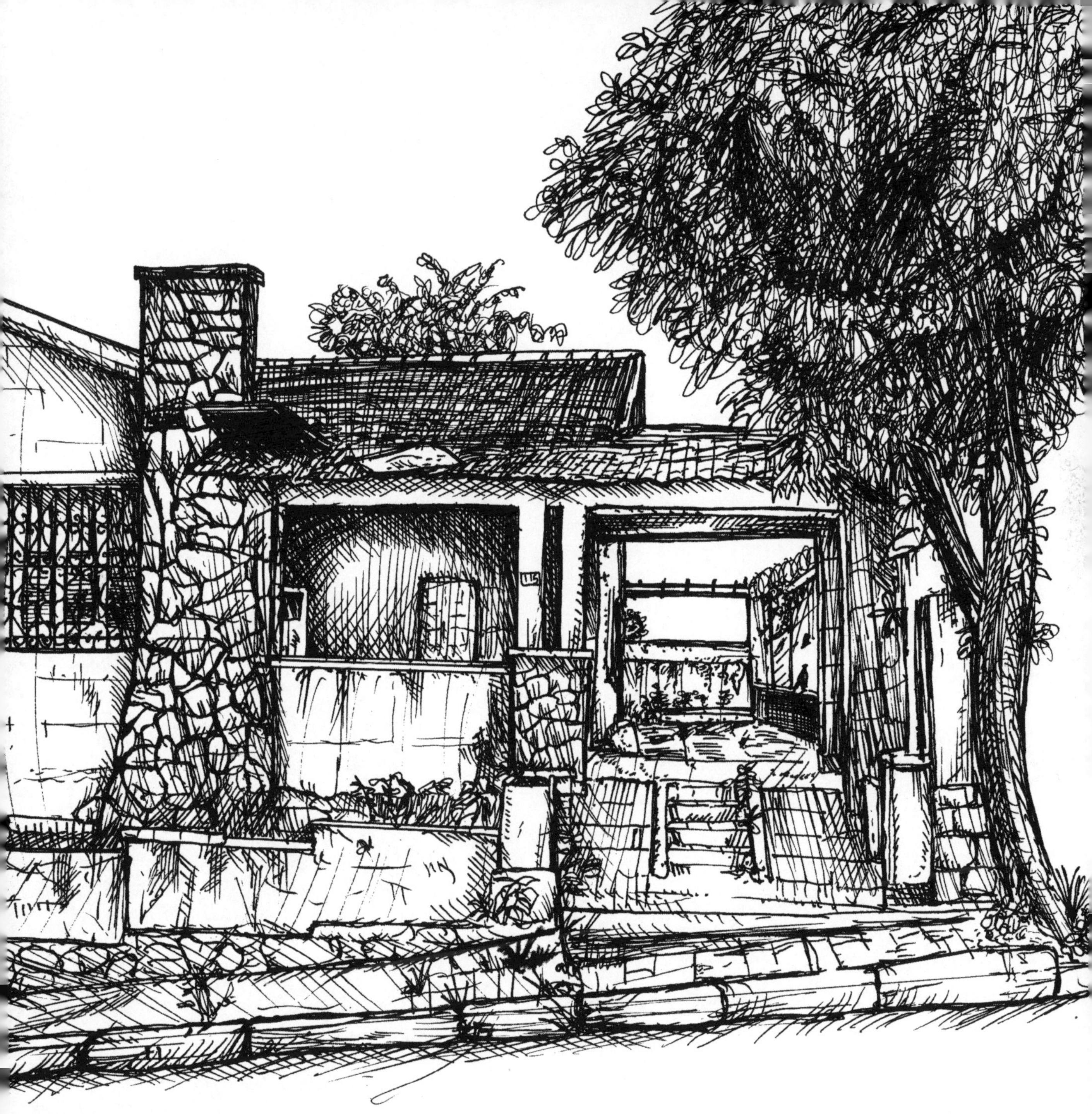

18. Casa Tina Martins
Rua Paraíba, 641

A Casa Tina Martins é considerada a primeira ocupação organizada de e para mulheres em toda a América Latina. Atualmente, está sediada na Rua Paraíba, ao lado da Escola de Arquitetura da UFMG. Seu primeiro endereço foi um imóvel ocupado em 2016 pelo Movimento Olga Benário, na Rua Guaicurus, região do Centro que reúne diversas profissionais do sexo trabalhando em diversos motéis e prostíbulos. A proposta do espaço era partir da ação direta para abordar, ao mesmo tempo, a questão da propriedade privada, a da violência contra a mulher e a da invisibilidade de mulheres, pessoas trans e profissionais do sexo.

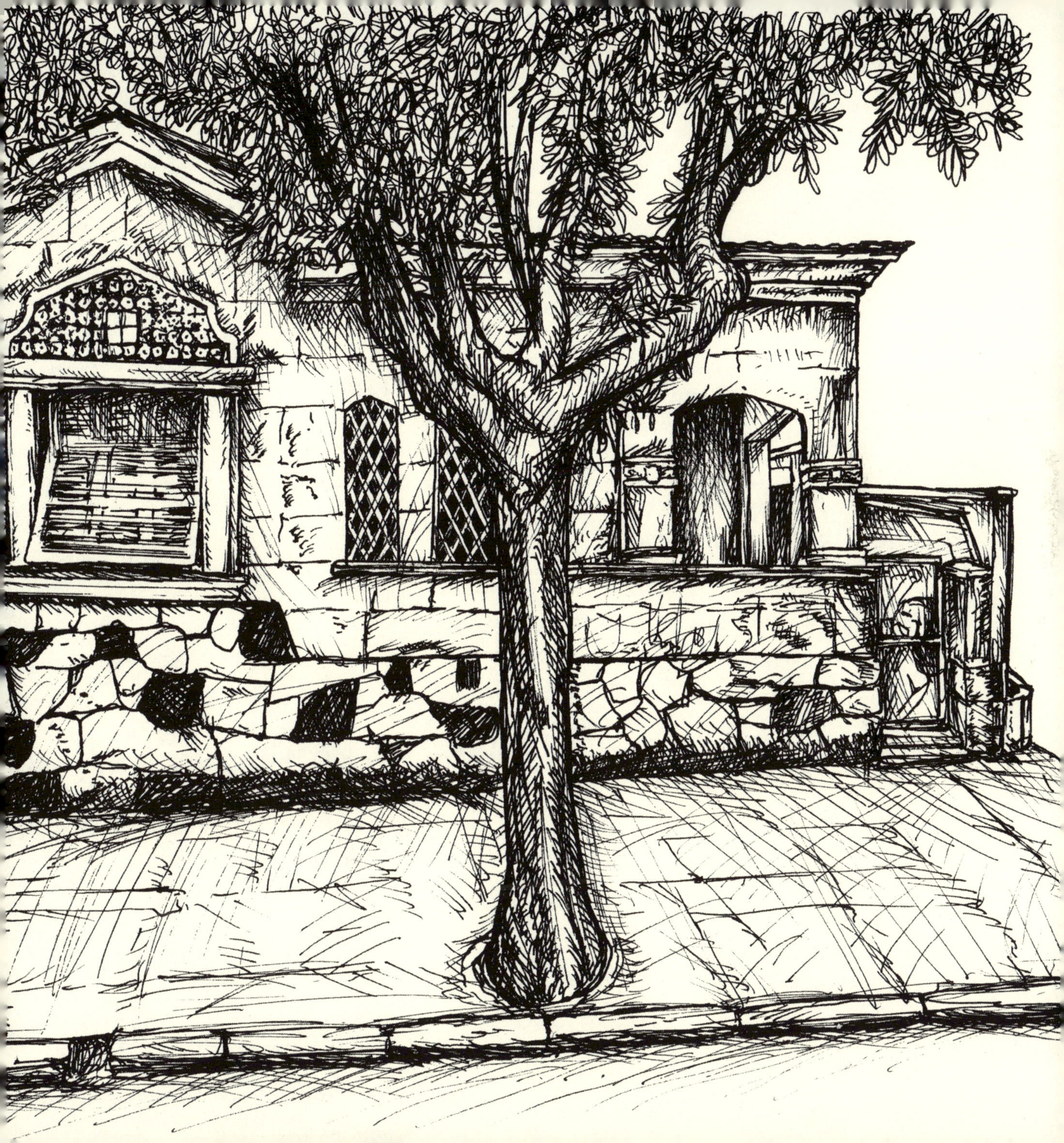

19. Cine Candelária Ocupado
Praça Raul Soares

No ano de 2021, o coletivo [conjunto vazio] ocupou um antigo cinema abandonado na Praça Raul Soares, situado entre a Rua dos Goitacazes e o quarteirão até a Av. Bias Fortes, a poucos quarteirões da ocupação Kasa Invisível. O imóvel histórico, da década de 1950, tinha capacidade para 2 mil pessoas e, em sua última década, abrigava um cinema pornô. Foi fechado em 1995 e ficou abandonado desde então, até que, em 2004, um incêndio atingiu o prédio e grande parte de sua estrutura veio abaixo. O que sobrou do espaço foi pavimentado e transformado em estacionamento, sobrando de pé apenas as duas entradas, a sala de projeção e a fachada, projetada como uma miniatura de Coliseu moderno, voltada para a praça.

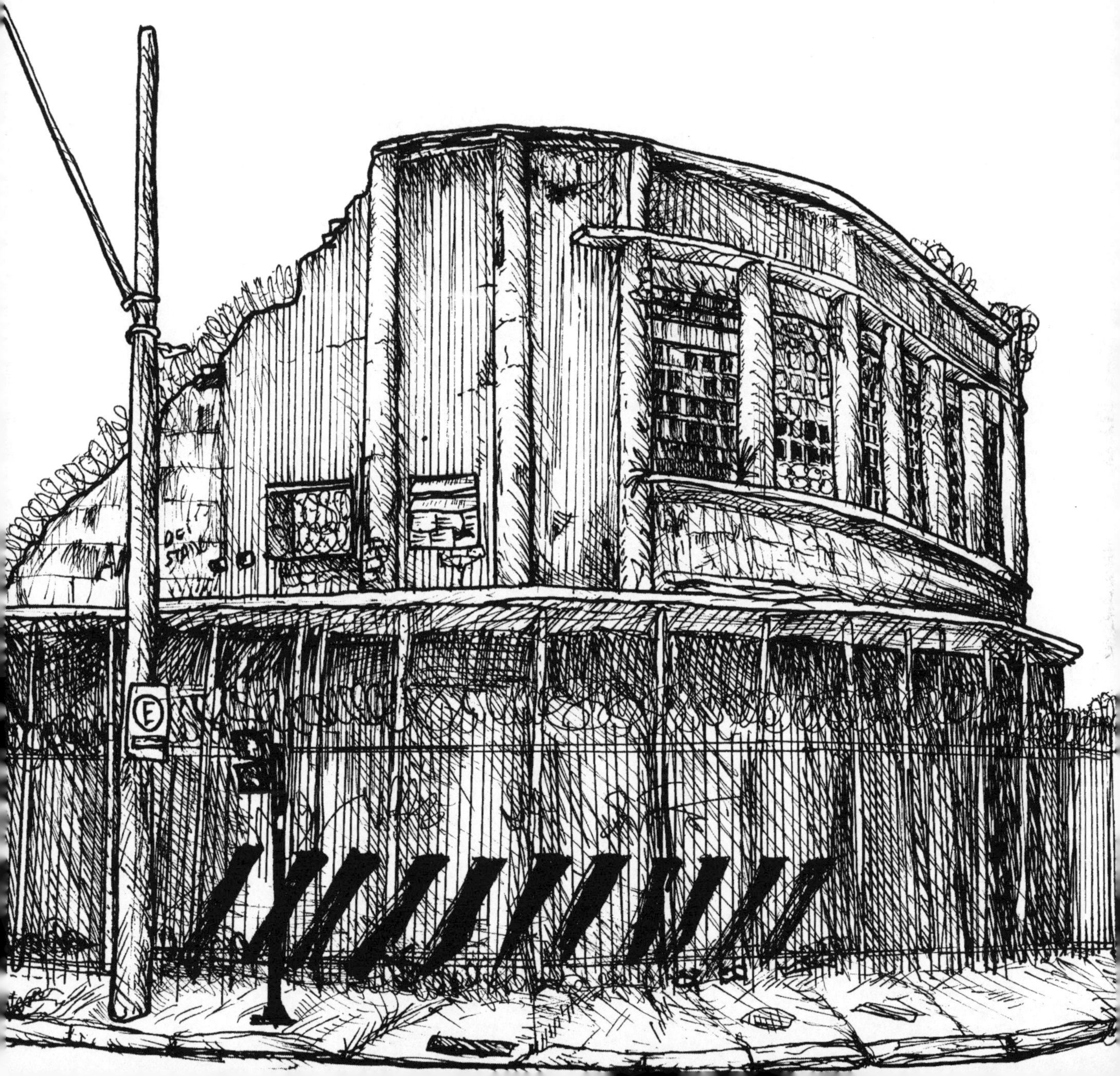
E

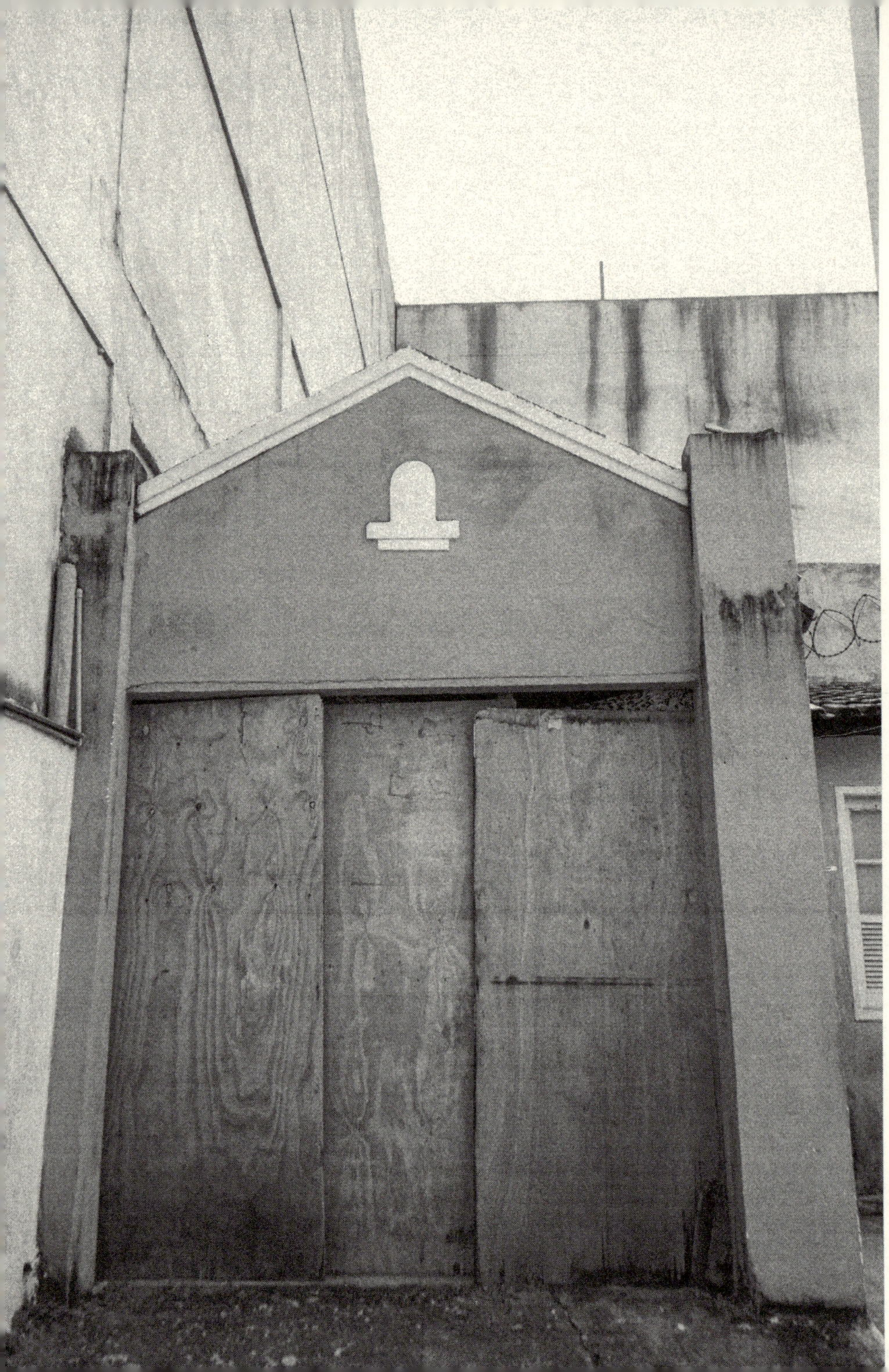

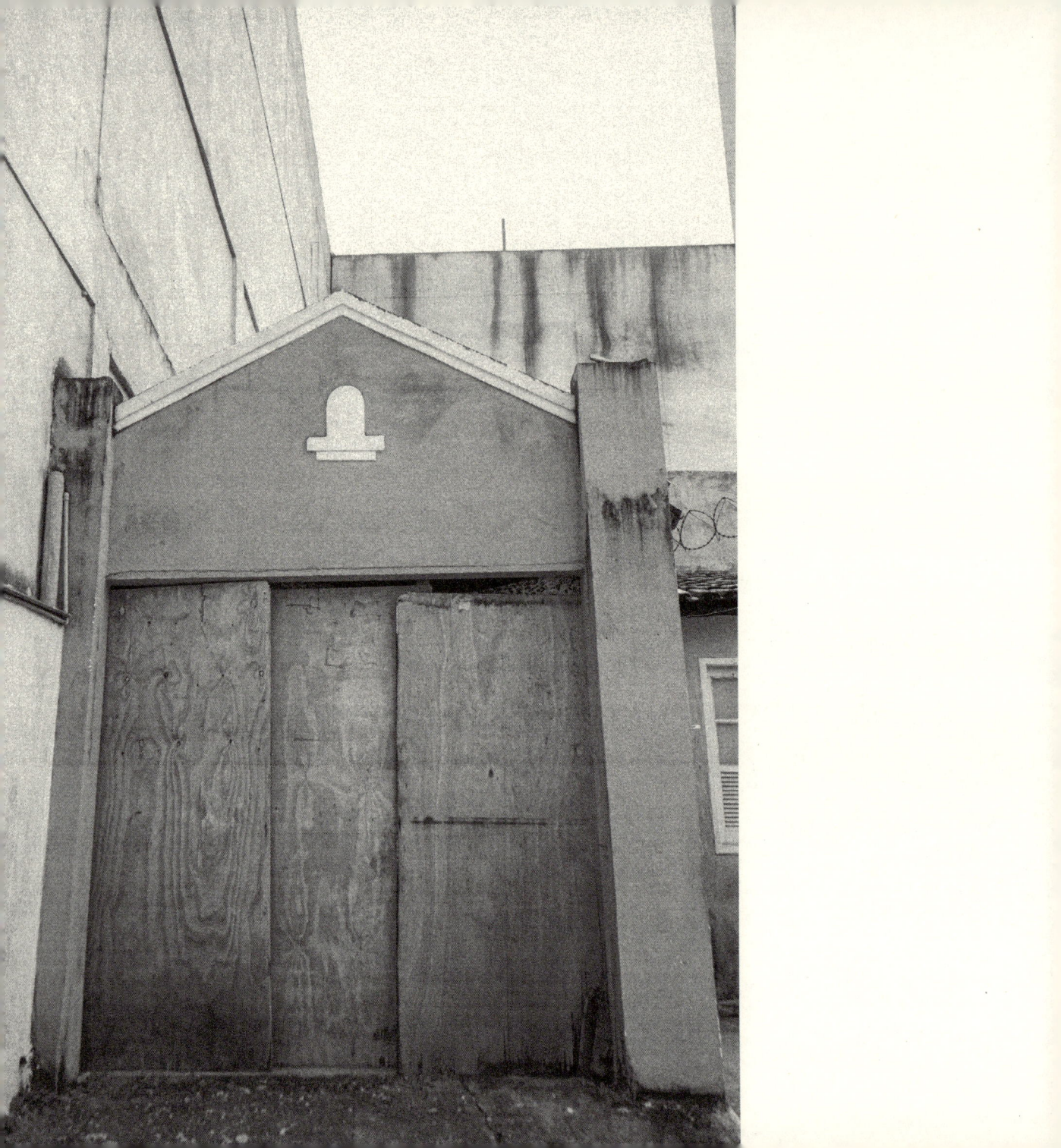

Entrevistas com ocupantes

Não existe alternativa — se quisermos mudanças fundamentais, temos que abolir a propriedade privada do capital. Isso não é apenas uma transformação econômica e política, mas também social e cultural. Ela não pode ser imposta de cima para baixo, mas deve ser implementada por uma massa crítica capaz de se defender.
— Coletivo CrimethInc., *Trabalho*, 2011

Ocupar não é só encontrar quatro paredes e um teto. É construir uma vida onde ela não é bem-vinda, onde a mercadoria e a propriedade têm direito de existir, e as pessoas, não. Em países periféricos como o Brasil, quem trabalha duro para construir a riqueza das cidades e de seus donos não recebe o mínimo necessário para sobreviver, muito menos para comprar ou construir uma moradia para si e sua família. Ocupar terrenos ilegalmente e construir com as próprias mãos — quando não está trabalhando — é o que constitui a maior parte das moradias no país e o que constrói territórios como as favelas. Muitas vezes, é essa dinâmica que força as pessoas a morarem sob o risco de despejo e de desastres ambientais, como inundações, deslizamentos e poluição.

Organizar movimentos para ocupar propriedades ociosas e conquistar coletivamente o direito à moradia é só mais uma estratégia de luta por sobrevivência. Desse tensionamento surgem novas formas de vida forjadas na luta, vidas que não cabem nas linhas traçadas sobre o papel, nas fotografias nem nas páginas de um livro. É o exemplo da trajetória do senhor Jorge Paulo, conhecido como Carioca, um dos fundadores do Movimento de Libertação Popular (MLP), que organiza a grande maioria das casas retratadas nesta publicação.

Carioca chegou em BH em 2019, depois de uma longa trajetória, de décadas, nas ruas de diversas cidades do Brasil. Já idoso, trabalhava como engraxate e vendedor ambulante. Quando dormia na rodoviária da cidade, um promotor de justiça o ajudou a contactar militantes do movimento

Brigadas Populares e conseguir uma vaga para morar na Ocupação Anita Santos, próximo ao Centro. Inspirado pela organização dos movimentos por moradia que o ajudaram a sair da rua, decidiu criar um movimento do zero com pessoas em situação de rua. Sua primeira experiência foi a Ocupação Leonel Brizola, ocupada em janeiro de 2020. "Com 45 dias, conquistamos bolsa aluguel para 40 famílias! Foi assim que começou o MLP. Desde então, foram mais de duzentas bolsas" — relembra Carioca.

A notícia do sucesso da Ocupação Leonel Brizola se espalhou pelo povo da rua, que entendeu que não deveria mais esperar o poder público, correndo risco de morte nas ruas, se há tantos imóveis em completo abandono. Em seguida, foi a vez da ocupação na Rua São Paulo, número 1480, em 2020. Com a chegada da pandemia da Covid-19, os despejos foram suspensos por lei, e a população de rua começou a ocupar casas vazias em vários bairros de Belo Horizonte. Carioca foi um dos articuladores desses novos ocupantes, com movimentos de moradia conhecidos e também com o coletivo da Kasa Invisível. O movimento e os moradores se apoiam mutuamente, realocando-se quando há despejo ou quando alguém precisa ou prefere morar em alguma outra casa organizada por ele.

Atualmente, Carioca aluga uma casa e segue organizando e apoiando a luta por moradia. Se registramos aqui tantas casas ocupadas, muito se deve ao trabalho e à articulação dele.

A história de Carioca é mais uma na enorme coleção de trajetórias de vida atravessadas pela busca por moradia e por vida digna. Tentando desvendar um pouco delas, bolamos uma conversa com habitantes e militantes, a qual se deu num eixo de três perguntas simples:

Onde você mora? Onde você morou? E onde você quer morar?

Na primeira parte, estão as respostas de 6 pessoas que moram em 3 ocupações: Vida Nova, Famílias Unidas e Santa Catarina. A segunda parte conta com 3 entrevistas de um morador e 2 participantes de coletivos ou movimentos que ocuparam imóveis com diferentes finalidades: moradia, centro social, teatro e acolhimento de mulheres e de pessoas trans. Esperamos que essas conversas possam captar e transmitir um pouco dessas vozes e de suas histórias por meio de suas próprias palavras.

✳ ✳ ✳

Seção 1, Moradores

Regiane Rosa Sena, 41 anos.
Integrante do MLP e moradora da Ocupação Vida Nova.

Meu nome é Regiane Rosa Sena, sou moradora daqui da Ocupação Vida Nova e uma das coordenadoras do MLP. Eu morava lá na Vila Ventosa até 2015 mais ou menos, aqui em BH mesmo. Saí porque o aluguel estava difícil e então vim pra cá. Até 2017 fiquei no aluguel, e no começo de 2018 começou a minha jornada em ocupação.

A primeira em que eu fui, na verdade, era ocupação de terra lá na Ventosa mesmo, uma que nem nome tinha. Depois dessa ocupação, a experiência não foi muito boa, daí eu fui para a Ocupação Vicentão. E estou esperando até hoje o resultado dela [que daria direito ao Bolsa Moradia, no valor de R$ 500, pago pela prefeitura a famílias despejadas por diversos motivos, como obras, reintegração de espaços ocupados ou calamidades].

Não tivemos nenhum retorno porque o assentamento que eu fui era lá na Ventosa mesmo. E tinha muita confusão, fui e saí fora. Porque eu tenho criança, né?! E o povo ficava brigando com enxada, facão; eu tenho medo, né?!

Em setembro de 2019, eu fui para a Chácara, ocupação na rua Tombos. Depois morei na ocupação Santa Catarina e, hoje em dia, eu moro aqui na Ocupação Vida Nova, na Rua Bernardo Guimarães com a Rua Espírito Santo, no bairro Funcionários. Graças a Deus, lugar sossegado, tranquilo.

Eu sou uma das primeiras moradoras daqui. Fui eu que abri. Ajudei a abrir a casa, eu que fui atrás do documento na Defensoria Pública, nos Direitos Humanos, porque eu morava numa ocupação meio conturbada também, né?! E o negócio lá não estava fácil, então eu caminhei com minhas próprias pernas. Eu observava muito o jeito que outras pessoas faziam ocupação. Aí, acaba que, nas duas últimas ocupações em que eu estive, o pessoal abria, e eu que ia na Justiça. Então, nesse caminho, eu aprendi como fazer tudo. E como nessa que eu estava ficou ruim, fui para outra com a promessa de que ia ficar boa. Eu morava na Ocupação Chácara, no Calafate. O lugar era um sonho.

*** Casa encantada ***

Pense num lugar tranquilo. Mas lá ficou ruim, e eu vim para a ocupação na Rua Santa Catarina com a promessa de que seria melhor. Acabou que não foi, e eu decidi caminhar com as minhas próprias pernas. Para ter uma coordenação na casa que não seja aquela coordenação desordenada, porque, quando tem um tanto de gente mandando, isso dá errado. Principalmente quando a pessoa é sem juízo, né?! Então eu vim para cá, e já faz dois anos que estou na paz.

Aqui a gente resgata... Assim, não vou dizer "resgatar" porque a gente não vai atrás, né?! Eles que vêm à procura. A gente acolhe ex-moradores de rua que querem mudar de situação. E a maioria que vem para cá e quer mesmo mudar de situação, muda. Muda mesmo. Já passaram uns três ou quatro aqui, não chegaram a ficar um ano e todos os quatro que saíram daqui estão bem hoje. Morando de aluguel. O último mesmo casou. Casou e está trabalhando, veio aqui só agradecer. Veio aqui pegar as coisas dele, né?! E falou "estou morando com minha mulher. Eu estou trabalhando, estou bem demais".

Um dia, eu quero morar na minha casa e, se Deus quiser e me ajudar, na minha casa própria. Ocupação eu quero só ir para dar uma força, ajudar. Agora, morar não, eu quero morar na minha casa. "Minha casa, minha vida"! Hahaha! Que não tenha risco, que eu possa dormir tranquila, na verdade. Porque na ocupação a gente dorme, a gente deita, e qualquer barulhinho você já acorda achando que já está sendo despejado. E ser despejado com criança... Também não tem como carregar tudo, né?! Morar em ocupação é sempre um risco. Um risco diário.

Eu tenho minha pretensão de ter minha casa própria e continuar ajudando, visitar as ocupações para ajudar, para dar uma força. Passar um pouco do que eu já vivi em ocupação, né?! Para quem está chegando. Igual eu faço agora. Ao pessoal, quando chega aqui, falo que já passei por lugares horríveis. Aqui é bom! Em vista de outros lugares que eu já passei, aqui é o céu!

Eu quero morar numa casa e ter minha liberdade, sabe?! De escutar minha música, o vizinho não ficar reclamando, quero levar meu cachorrinho junto, quero que meus filhos gritem e ninguém venha ficar me falando "ah, seu filho tá brigando!". Então é isso que eu quero. Eu quero uma casa, eu não quero morar no Centro, porque o Centro é muito barulhento e eu não gosto de barulho. Eu não quero morar em apartamento porque o apartamento meio que sufoca a gente. Então eu quero uma casinha mesmo. Eu também já estou ficando velha, está na hora de eu procurar sossego.

***

Warlem Cândido de Souza, 30 anos.
Então morador da Ocupação Vida Nova, atualmente morando na
Ocupação Famílias Unidas, Floresta.

Eu acompanho a questão da moradia pela minha família mesmo, porque eu vi, nasci e vivi essa luta de adquirir um local para morar e construir. Com dez anos, eu vi minha mãe comprando lote, construindo. Quando eu saí de casa, a casa ainda não estava pronta, e eu já estava com vinte anos.

A primeira ocupação em que eu fui morar foi a Rosa Leão, quando saí de casa, aos vinte anos, para trabalhar e estudar em Belo Horizonte, e por não ter tempo de me locomover para a região metropolitana. Foi uma luta que estava precisando, estava para ser despejada, e aconteceu uma mobilização de alguns estudantes. Então eu fui nessa pegada e acabei ficando quase que interno lá, não saía para nada. Ajudei em diversas atividades lá, foi muito boa a experiência das ocupações da Isidora, da Rosa Leão especificamente, que foi onde a gente ficou.

Depois disso, eu tentei reorganizar a minha vida, porque parei tudo para ajudar a ocupação. Então fui caçar trabalho, moradia para mim de novo e vi que estava nessa demanda. Eu não tinha casa, estava sem trabalho. Enquanto eu estava trabalhando, eu tinha um lugar para morar porque eu pagava aluguel, mas, quando fiquei desempregado, surgiu de novo esse problema e fui parar na Vicentão, que foi uma ocupação que aconteceu no centro de Belo Horizonte. As ocupações da Isidora eram de territórios, e a Vicentão era um prédio. E lá eu já fui mesmo cem por cento como morador, ajudei na causa também, mas foi por necessidade de morar.

Teve o acordo para despejo não, né?! Para a gente desocupar voluntariamente, e eu também estou na fila aguardando um posicionamento do governo. Então eu meio que venho disso daí, dessa luta do brasileiro de encontrar um lugar para se ficar. Então não tenho mesmo um lugar de origem. Eu tenho vários... Nossa, eu tenho vários lugares de origem! Só aqui, nesses últimos dez anos, eu devo ter morado em uns quinze lugares. A metade, ocupação, e metade de aluguel, porque vai da fase em que estou, dependendo do trabalho que tenho. Nesse momento, eu decidi ficar na ocupação mesmo estando empregado. Agora estou morando na Ocupação Vida Nova até sair a negociação que foi acordada com o governo.

Pessoalmente falando, desde criança meu sonho sempre foi ter uma casa. Eu era uma criança que brincava de casinha. Nunca quis ter carro, nada disso. Meu sonho de vida é ter uma casa. Eu juntava as cadeiras, tacava uma coisinha e fazia uma cabaninha, sei lá, ficava brincando assim.

E eu percebo que, depois que eu fui estudando o contexto da luta das ocupações, vejo que, historicamente, eu, como homem negro, como foi feita a ocupação do território brasileiro e a distribuição da terra, para trazer imigrantes como mão de obra, teve ações ações governamentais e investimento público. Agora, para encaminhar aquela mão de obra negra que já estava aqui há séculos gerando riqueza, não foi feito nada. Pelo contrário, foram marginalizados sem acesso a renda, sem acesso a trabalho digno e remunerado. Daí surgem as favelas, os movimentos de ocupações e tudo mais.

Então, cara, eu acho que, das lutas que representam o povo pobre e trabalhador brasileiro, essa é uma das que mais carregam a bandeira de todo mundo: da mulher negra, do cara que é pardo, da mulher branca que talvez esteja numa situação difícil financeiramente e por isso tem dificuldade de acessar uma moradia, do jovem que quer uma educação mas tem uma casa para estudar. Como ter uma internet, que depois da quarentena a gente sabe que é fundamental para os estudos?

Tem a questão da alimentação, porque voltou a fome no Brasil, mas a moradia é outro pilar fundamental para a gente conseguir o básico para a população brasileira, e para mim enquanto indivíduo também, entendeu?! Mas eu vejo isso também muito mais como uma luta de grupo, de massa mesmo.

Confesso que preferiria ter uma casa numa região não tão central, não tão movimentada. Porque eu cresci assim, né?! Na região metropolitana, com quintal para ter um pé de goiaba, um pé de manga, um cachorro, um cômodo e um banheiro. Eu tenho um projeto para a minha casa, você não está entendendo (risos). Quero fazer uma casa industrial, assim, um cômodo grande assim, sabe?! E um pouco mais alto, se eu conseguir buscar métodos de construções alternativas, eu já estudei um pouquinho de hiperadobe, enfim.

Essa questão da casa sempre foi uma coisa muito forte para mim por ver minha família lutando por um lugar, por moradia, e por eu já ter mudado muito desde criança e tal. Então eu lembro que, quando comecei a trabalhar e estudar em Belo Horizonte, eu ficava sonhando. Queria ter casa em Belo Horizonte e, naquele contexto, naquela época, para um jovem de vinte anos que só morou na região metropolitana e que ainda chegava em Belo Horizonte um pouco assustado com esse movimento todo, morar era uma coisa não para essa encarnação, talvez só daqui a umas quatro encarnações conseguisse (risos). É foda imaginar que pela mobilização popular a gente possa conseguir. Quando que nós vamos conseguir juntar dinheiro, trabalhando, para comprar uma casa? Nunca! Ganhando um salário-mínimo?!

A gente tem outras alternativas. Teve algumas mudanças no Brasil e teve mais acesso de jovens negros e de periferia às universidades. Então a gente já consegue um emprego um pouco mais acima do mínimo, como eram nossos pais. Houve uma melhora. Conheci movimentos de luta coletiva com o mesmo objetivo, mas, em vez de ser de maneira individual, era todo mundo junto, o que é uma outra solução muito inteligente.

Santa Luzia é uma região mais alta, dá para ver Belo Horizonte inteira. Então, lembro quando eu subia na árvore e ficava olhando a cidade, pensando "nossa, Deus, eu queria ter uma casa ali, queria ter uma casa em BH".

※ ※ ※

Maria das Dores Ferreira, 55 anos.
Moradora da Ocupação Vida Nova.

Eu já morei num monte de lugares, né?! Mas eu vou reduzir porque a lista é muito grande. Porque, quando a gente mora de aluguel, a gente vai em vários lugares. Já morei em Ibirité. Aí depois, de lá, eu vim para a Ocupação Vicentão. Não deu certo na ocupação, e a gente veio aqui para o Centro. Vicentão foi a primeira ocupação que eu fui. Aí, de lá, a gente mudou para o Granja de Freitas. Morei lá um ano e agora estou morando aqui na Vida Nova.

Morei na ocupação do bairro Floresta [Ocupação Famílias Unidas], mas não estava dando muito certo, e falei com a Regiane para vir para cá. Aí fiquei na fila esperando, aí um dia apareceu a vaga, e eu vim para cá. E eu gosto muito de morar aqui. Não tem bagunça. Não tem discussão. A gente dá certo com todo mundo, e a região é boa, central, é boa para ir no médico, esses trens, né?! Para ter acesso ao SUS. Eu gosto daqui, meu quarto é grande, cabem meus meninos, tenho 3 netas que eu crio. Eu tenho dois filhos, mas a gente não dá muito certo junto, daí eu fico aqui com as meninas.

Eu vim da roça faz muitos anos. Então qualquer lugar para mim é bom para morar. Mas eu gosto mais de morar no interior. Gosto de morar no Centro porque tem mais opção. Se você não tem emprego, você pode sair e reciclar. Por isso que eu gosto de ficar aqui, porque no intervalo do dinheiro, eu reciclo com minhas meninas. E tem a Régis, que é minha amiga, né, já tem uns 4 ou 5 anos já. Né?! Então é isso.

* * *

Núbia Alves, 30 anos.
Moradora da Ocupação Famílias Unidas.

Sou Núbia Alves, tenho trinta anos. Antigamente eu morava de aluguel, né?! Morava ali no bairro Taquaril, com minha família. Assim, eu tinha uma situação muito conturbada, porque morar com parente não é fácil. Aí, no ano de 2019, eu conheci a Ocupação Vicentão, logo no início. No segundo dia de ocupação, tive a oportunidade de morar lá. Tinha cerca de noventa famílias. Saímos de lá porque o Estado ofereceu um acordo que não foi cumprido, então atualmente eu estou na Ocupação Famílias Unidas, do Floresta. Eu vim para cá justamente porque o acordo não foi cumprido com a Ocupação Vicentão. Depois da Vicentão, fiquei um tempo lá na Ocupação Anita Santos, na Av. Tereza Cristina. E lá deu uma confusão, não queriam aceitar a gente lá. Fiquei um tempo na Casa Verde. Atualmente eu moro aqui.

Eu tenho vontade, muita vontade, de ter a minha casa. Mesmo que seja uma casa coletiva, mesmo que seja uma coisa fixa onde a gente não tenha o risco de sofrer um despejo, de repente ser pego desprevenido, represália dos vizinhos, né?!

***

Luiz Felipe, 61 anos.
Morador da Ocupação Famílias Unidas.

Bom, meu nome é Luiz Felipe. Oito anos atrás, eu estava morando no Rio de Janeiro, mas aconteceram uns problemas lá, e tive que vir para cá. Minha família lá era grande, mas eu tive que vir. No Rio eu estava com minha filha e meus netos. Como ela casou lá, eu resolvi separar as coisas. Aqui eu tenho família mesmo, mãe, irmã. A parentada não é pequena não, cara. É grande.

Eu não sei se, pelo tempo que eu fiquei fora, meus valores mudaram, entendeu?! Quando voltei, eu tinha certeza que eu tinha casa e um quarto. Quando eu cheguei aqui, fiquei sabendo que tinham vendido tudo, minha mãe agora mora de aluguel, e é por isso que eu já nem vou muito lá. Minha mãe está com 94 anos. Mas não vou muito lá, não, porque eu bato muito de frente com minha irmã.

E é isso: eu cheguei aqui e fui para o albergue, não deu muito certo, e de lá fui para a rua. Nessa transição de albergue para a rua, eu fui parar lá na Ocupação Kasa Verde, na Av. Olegário Maciel. Conheci a Kasa Invisível, a Núbia, o Jonathan. Como lá na Olegário estava cheio de problema, a gente resolveu partir para cá.

Entramos nessa casa aqui. Mas a gente viu que alguém vinha para cá e dormia, entendeu?! Ficar tipo dois, três dias, era mais um mocozinho. Quando a gente entrou, a gente arrombou o portãozinho. A gente estava aqui numa boa, e eu com a cara cheia de cachaça, dormindo. Pensamos que, ao acordar, a gente ia limpar tudo.

Depois de cerca de uma hora, eu já estava apagado mesmo, entraram os homens no portão grande: "Todo mundo pra fora!" Tinha carro parado ali do outro lado, outro no meio e outro lá em cima. Falaram que a gente estava invadindo, que a gente estava estuprando mulheres aqui dentro. Mas aí foi de boa. Depois disso, acho que vieram mais umas duas vezes. Tínhamos documento da Defensoria [dos Direitos Humanos]. Eles começaram a rir da gente.

Eu já estou com uma certa idade, onde eu queria morar é complicado, porque a situação financeira está meio brava. Não estou trabalhando. Eu só queria um lugar em que esquecem da gente, entendeu?! Aqui não é ruim, não. Aqui é maneiro, pô, perto do Centro. Eu só quero uma casa própria. No Centro mesmo, está de boa.

* * *

Karine Anastácio, 38 anos.
Moradora da Ocupação Santa Catarina.

Meu nome é Karine Anastácio, tenho 38 anos. Sou casada com Cristiano Anastácio e tenho três filhos que vivem comigo: Felipe, Ane e Alice, de 16, 14 e 6 anos de idade. Nós morávamos em Belo Horizonte, mas acabou que meu sogro teve câncer e minha sogra faleceu. Devido à doença do meu sogro e à morte da minha sogra, optamos por ir para a roça, onde eles moravam. Fomos para Santa Maria do Suaçuí, perto de Governador Valadares. Nós tínhamos um comércio aqui em BH, mas fechamos esse comércio, uma lanchonete. Vendemos tudo que tínhamos, abrimos uma padaria nesse interior e ficamos morando lá por quatro anos.

Só que, nesse período, em 2019, acabou vindo a pandemia e ficou tudo muito difícil. Nós tínhamos um carro, tínhamos uma moto, e as coisas ficaram muito apertadas, muito difíceis. Por esse motivo, fomos perdendo muitas coisas, e chegou num ponto em que a gente não quis mais perder. Nessa época, meu sogro já estava bem e não precisava mais tanto da nossa ajuda. Então nós optamos por tentar ir para os Estados Unidos. Tentamos o visto, e ele foi negado. Então, daí, tivemos a coragem de ir com a nossa família pelo México. Entrar legalmente no México e entrar pelo famoso "cai-cai", que é se entregar na imigração americana e fazer um pedido de asilo.

Na verdade, como nós estávamos quebrados, estávamos perdendo muito e tínhamos perdido muito por causa da pandemia, ficamos endividados, porque nos esforçamos com a padaria aberta por uns três anos. Então optamos por dar uma reviravolta e tivemos essa oportunidade de trabalho lá, né?!

Porém, essa decisão foi tomada, na época, um pouco antes do início da guerra da Ucrânia e da

Rússia. Nessa época, estava havendo muita deportação dos Estados Unidos, e nós fomos uns desses deportados. Entramos, mas fomos deportados, eu, meu marido e meus três filhos. Só que, como nós fomos deportados e já estávamos lá dentro, nós tínhamos perdido tudo o que tínhamos aqui. Então, nós fomos deportados somente com a roupa do corpo, e mais nada. Descemos aqui no aeroporto de Confins sem nada, só com a roupa do corpo mesmo. E, graças a Deus, com saúde e a vida.

Nós nem voltamos para Valadares porque não tínhamos nada lá, e também não tínhamos nada aqui. Por um tempo, moramos numa casa de apoio que se chamava Casa de Tony, por umas duas semanas. Logo depois, meu marido arrumou um trabalho, coloquei as crianças na escola e comecei a procurar ajuda psicológica, porque eu estava com a cabeça muito confusa por todas as perdas. Fui no CRAS (Centro de Referência de Assistência Social) e comecei a procurar umas coisas para fazer. Coloquei os meninos na escola direitinho. Mas, devido à gente ter acabado de chegar e estar totalmente sem condições, não termos móveis, não termos nada direito, nós tivemos oportunidade de morar numa ocupação, a ocupação na rua Santa Catarina, número 450. Tínhamos o intuito de nos reerguer e firmar as pernas para conseguir continuar caminhando, já que nós tínhamos perdido tudo.

Nosso objetivo nessa situação é ter nossa casa própria, para poder dar um diferencial para a vida dos meus filhos e para nossas vidas também. Reconstruir, ter oportunidades. Assim como abrir algumas portas, assim como ir em projetos, coisas, abriu portas e nos deu fontes de renda.

Quero estar, futuramente, na minha casa própria. Quero ter os meus móveis direitinho, alimento na mesa, condições de estar cuidando da família direito e vivendo bem, vivendo com prosperidade. Não com fartura, mas com prosperidade. Porque prosperidade é ausência de necessidade, e a necessidade é muito sofrida, sinceramente. A necessidade financeira, né?! A necessidade de alimento, a necessidade de moradia, dívidas. É difícil... E no futuro bem próximo, se Deus nos permitir, eu não quero ter essa necessidade mais.

*** *** ***

Seção 2, Coletivos

André Luiz, 37 anos.
Morador da Ocupação Kasa Invisível.

Meu nome é André, participo das movimentações autônomas de Belo Horizonte desde os anos 2000. Para eu estar aqui hoje, foi muito importante na minha história ter vindo da periferia, né?! Morando na divisa de Belo Horizonte com Contagem e vindo de uma família periférica também, crescendo no quintal da casa da avó, a experiência de família, de quintal, de terreiro; e ter crescido na periferia, numa experiência de comunidade muito forte de bairro, vizinho da favela, com os meninos de rua, e na rua... Essa experiência de vida e de infância foi muito comunitária. Com vários projetos da periferia, de organizar festival do bairro, campeonato de futebol de rua, as bandas. Hoje em dia eu entendo e aprendi a dar mais valor para essa história de onde eu vim.

Nessa trajetória toda, depois que eu saí da casa dos meus pais, passei por casas coletivas já dentro de uma experiência e uma lógica de construção de comunidade. Comunidade urbana, com a galera já conectada com uma discussão antiautoritária, autonomista, comunista. Nessa trajetória, passei por uma ocupação urbana de terra, a Ocupação Guarani Kaiowá, inclusive vizinha da periferia onde eu cresci. Era uma ocupação com centenas de famílias. Era um terreno gerido pela assembleia da ocupação, fazendo mutirão para construir as casas, fazendo mutirão para construir os espaços comunitários, organizando festival, mostra de cinema e tentando lidar com os conflitos da ocupação e tudo que girava em torno dela.

Eu acho que esses quatro elementos são importantes: vir da periferia, passar por movimento comunitário de bairro, movimento anticapitalista e as casas coletivas, e depois a ocupação de terra, né?!

Hoje eu moro aqui na Kasa Invisível, que é outra experiência de casa coletiva, de tentativa de construção de comunidade, com seus projetos e com seus dilemas próprios também. Com os desafios de fazer isso ao mesmo tempo em que desenvolve a vida pessoal e as responsabilidades que uma casa ocupada no centro da cidade gera, né?!

E com todos os dilemas que isso traz, que é ser uma casa no Centro, né?! A gente é a periferia do Centro, mas ainda está no Centro, né?! Estamos no centro da cidade, que é onde está o capital da cidade, mas não somos esse capital. É como morar nos Estados Unidos e ser latino, você está no centro mas é a periferia dele.

Estamos aqui com outras experiências, envolvendo outras pessoas e suas peculiaridades, né?! Na Guarani, a articulação era muito feita com uma população ainda mais precarizada do que a gente na Kasa Invisível.

E sobre onde eu quero morar... Eu não consigo ver minha vida descolada desse tipo de projeto, de tentativa de construção de coletivo, da tentativa de construção de comunidade. E eu considero que eu tenho um pouco de sorte porque, dentro dos altos e baixos nessa trajetória, minha vida continua dentro desse trilho. Eu quero continuar morando dentro dessa lógica, que essa lógica consiga se desenvolver cada vez mais. E conseguir criar mais estrutura, gerar o máximo de conforto, gerar o máximo de questionamento e envolvimento. Mas eu sinto que a minha vida, o meu pensamento, eu venho me sentindo cansado do centro da cidade. Tenho cada vez mais uma necessidade de ir para o interior, talvez para uma cidade menor, longe do centro urbano, né. Penso em maneiras de viabilizar isso e, ainda lá, tentar entrar numa lógica de construção de comunidade e buscar construções que sejam anticapitalistas e autônomas.

***

Casa Tina Martins
Entrevista com a coordenação estadual do Movimento de
Mulheres Olga Benário

Casa Tina Martins é um centro de acolhimento para mulheres em situação de vulnerabilidade. Começou como uma ocupação organizada de e para mulheres, considerada a primeira desse tipo da América Latina. O nome do espaço é uma homenagem à Espertirina Martins, uma militante anarquista do início do século XX que chegou a estudar numa Escola Moderna local, inspirada nos trabalhos do catalão Francisco Ferrer y Guardia, e se tornou célebre por sua explosiva participação nas greves de 1917 em Porto Alegre. Na ocasião, Espertirina participou do velório e protesto contra a morte de um operário durante a greve e escondeu uma bomba em um buquê de flores. Sua aparência inofensiva permitiu que atirasse o buquê explosivo contra a Brigada Militar que se aproximava, matando vários oficiais. Como resultado, a greve saiu vitoriosa em conseguir diminuir as jornadas de trabalho para 8 horas diárias, acabar com o trabalho infantil e obter direitos de aposentadoria e seguridade.

1 - O que é a Casa Tina Martins, e como e quando ela surgiu? Qual a relação dela com os movimentos de ocupação para moradia e com a luta das mulheres em Belo Horizonte?

A Casa Tina Martins surgiu no 8 de Março de 2016, organizada pelo Movimento de Mulheres Olga Benário e pelo Movimento de Luta nos Bairros, Vilas e Favelas (MLB). A ocupação surge de demandas discutidas no movimento feminista e no de moradia sobre a ineficiência das políticas públicas de combate à violência contra a mulher, tendo a consciência do papel essencial de uma estrutura que possibilite a vida digna.

A partir de experiências de organização em ocupações urbanas, cujas habitantes e lideranças são, em sua maioria, mulheres, o Movimento Olga Benário e o MLB idealizaram uma ocupação simbólica de um edifício abandonado pelo governo federal. O plano inicial era ficar cerca de três dias, para reivindicar o atendimento 24/7 da Delegacia da Mulher e denunciar a quantidade de imóveis abandonados no baixo centro da cidade. Três dias tornaram-se três meses, e tivemos a percepção de que deveríamos continuar e melhorar o trabalho. A Tina Martins realizou atendimentos e acolhimentos desde as primeiras horas de surgimento. Ao final desse tempo, quando chegou a ordem de despejo, o movimento insistiu em negociações com os governos federal e estadual, e foi transferido da esquina da Espírito Santo com a Guaicurus para a Rua Paraíba.

A partir de então, passa a ser conhecida como Casa Tina Martins e realiza acolhimento de mulheres vítimas de violência, oferecendo atendimento psicológico, jurídico e de assistência social, abrigamento caso seja necessário, formação política e eventos culturais. A coordenação é feita por militantes do Movimento de Mulheres Olga Benário.

2 - O atual imóvel, hoje cedido pela prefeitura, é muito mais estruturado. Você avalia que essa conquista seria atingida tão rapidamente se não fosse pela ação direta, de ocupar, tomar um espaço e promover acolhimento de mulheres vulneráveis, profissionais do sexo e outras?

Nós não teríamos conseguido articular a concessão do imóvel (que é uma casa da FAPEMIG, sem uso por anos antes das negociações com o governo) nem sua manutenção sem a ação direta e a colaboração de outras ocupações e movimentos da cidade. Mesmo com o imóvel cedido, a Casa Tina Martins ainda vive na corda bamba, podendo ser alvo de ordem de despejo (como já foi) a qualquer momento.

3 - Há diversas experiências de casas de acolhimento de mulheres no mundo e com forte tradição dentro da luta da classe trabalhadora (um bom exemplo é o da Itália nos anos 1970). Houve outras iniciativas semelhantes no Brasil ou na América Latina que serviram de inspiração para o surgimento do Espaço Tina Martins?

Estudamos as políticas de acolhimento à mulher no Brasil e em outros países, assim como as iniciativas da classe trabalhadora. Mas as maiores inspirações vieram dos movimentos de luta por moradia, por suas experiências de ocupar imóveis e de organização interna. Observamos que a maior parte das pessoas que constroem esses espaços são mulheres em busca de seus direitos e de dignidade. Um elemento basilar dessa luta é a moradia.

Sobre iniciativas semelhantes, a Casa Tina Martins foi a primeira ocupação de mulheres da América Latina. Atualmente, existem 20 ocupações de mulheres no país, todas realizadas pelo Movimento de Mulheres Olga Benário e mantidas pela dedicação das militantes e por uma rede de solidariedade importante com movimentos sociais.

Em julho de 2023, tivemos a oportunidade de conversar com mulheres de vários países da América Latina sobre suas experiências de luta e incorporamos muitos de seus princípios e experiências, além de apresentar nossa vivência com as ocupações. Nesse sentido, recebemos bastante material e conseguimos contribuir um pouco. As lutas das mulheres indígenas andinas e amazônicas e do movimento negro latinoamericano e caribenho, as mobilizações pelo aborto seguro, legal e gratuito e a reivindicação de memória, verdade e justiça, para citar alguns exemplos, inspiram a atuação e os princípios do movimento e a organização das casas.

4 - Como surgiu a ideia de homenagear a lutadora radical Espertirina Martins, ativa no início do século XX nos movimentos operários, socialistas e anarquistas brasileiros?

Pensamos que a ocupação deveria ser algo como o famoso buquê molotov de Espertirina. E também que seria importante destacar a história das lutas operárias no Brasil, que são referências e horizontes futuros para a derrubada do capitalismo. A ocupação não existiria se não tivéssemos essa perspectiva.

5 - Recentemente vimos o surgimento de mais uma ocupação, Ednéia Ribeiro, voltada para atenção às mulheres no bairro União, em Belo Horizonte. Qual a perspectiva de luta e ação para os próximos anos e para a causa dos direitos das mulheres e de ocupações?

Nos próximos anos, continuaremos acolhendo mulheres, reivindicando políticas públicas efetivamente comprometidas com o fim da violência contra a mulher e denunciando a quantidade de imóveis abandonados em Belo Horizonte. O lugar em que a Ocupação Ednéia Ribeiro está era para ser a construção da Casa da Mulher Brasileira, que não tem previsão de sair do papel.

A ocupação homenageia uma companheira do MLB e do Olga, mãe solo e moradora de ocupação, vítima de feminicídio. Ao reivindicarmos o local em que deveria ser a Casa Abrigo para mulheres em situação de violência poderem se reestruturar, mostramos que há descaso. No estado que mais mata mulheres no Brasil, a perspectiva das políticas públicas não é animadora. Por isso, seguiremos ocupando, acolhendo e cobrando. E mostrando que, se um grupo de mulheres com ideais anticapitalistas e com orçamento dependente da solidariedade entre movimentos sociais consegue se articular para isso, uma política com recursos também deveria fazê-lo; não o faz por beneficiar-se desse cenário.

※ ※ ※

Cine Candelária
Entrevista com o coletivo [conjunto vazio]

O coletivo, responsável por outras ações de ocupação e subversão do espaço público, como a primeira edição da Praia da Estação[1], em 2010, ocupou por meses, no ano de 2020, o antigo terreno onde jazem as ruínas do velho cinema e preparava o seu pátio para abrigar a peça Anti-Antígona, que reforça a memória das lutas e dos mortos dos levantes de junho de 2013 na cidade, mas o espetáculo continuou sendo apresentado em outro terreno baldio, em 2021, em meio às intensas chuvas, após os proprietários os proprietários do Cine Candelária tomaram de volta o imóvel.

1 - Em que consiste o coletivo, sua proposta e sua relação com ocupações e os movimentos anticapitalistas e contraculturais em Belo Horizonte?

O coletivo [conjunto vazio] é um coletivo anticapitalista e horizontal de antiarte, intervenção urbana, performance, masturbação teórica e experimentos de estratégias para charlatanismo crítico.

Formado em 2006, somos fruto das movimentações anteriores, como o Carnaval Revolução, a Mansão Libertina, o Coletivo Cisma, o Coletivo Renúncia, dentre outros. Todos esses coletivos colocavam a questão estética (e sua afronta à Arte) como uma questão política. Tratava-se de utilizar os elementos estéticos como uma forma de ação e negação prática ao sistema capitalista, ao cotidiano tedioso e sem perspectivas.

Nossa proposta consiste em primeiramente desvincular o estético da Arte, já que acreditamos que ele é apenas mais uma mercadoria e, como tal, deve ser destruído. Porém, acreditamos que é possível aproveitar os modos de criação e as perspectivas emancipatórias que surgiram de movimentos artísticos que tinham como finalidade mudar a vida e o mundo. O [conjunto vazio] guarda dentro

---

[1] A Praia da Estação surgiu depois de um decreto assinado pelo ex-prefeito de Belo Horizonte, Márcio Lacerda, que em dezembro de 2009 proibiu a realização de eventos de qualquer natureza na Praça da Estação, uma praça central e de grande importância na cidade. Desse decreto surgiu a chamada anônima do coletivo [conjunto vazio] convocando as pessoas para ocuparem a praça com roupas de banho, guarda-sol etc. Foi um fenômeno na cidade e ocorre até os dias atuais.

de si a contradição e a pretensão delirante de contribuir para a insurreição e para a destruição da Arte enquanto faz pegadinhas e peças de teatro.

2 - Por que ocupar um espaço, no caso, as ruínas do Cine Candelária, bem próximo da ocupação Kasa Invisível, e não seguir um caminho "tradicional" para uma intervenção artística e teatral, num espaço com estrutura feita para isso?

Somos movidos pelo tédio de morar em Belo Horizonte e precisamos criar sempre modos de não sermos pegos por isso. Além disso, acreditamos que todos os modos de criação partilhada guardam a potencialidade de criar outro modo de vida. Os modos de produção não são algo menor, pois informam, dialogam, tensionam e frequentemente divergem das pretensões estéticas. O [conjunto vazio] sempre foi muito interessado nisso e na potência de uma ação para além da Arte. Ocupar um espaço é apostar na força comunal, no diálogo, na crítica à cidade e, principalmente, no poder disruptivo das ações diretas (e criminosas).

Ao invadirmos o Cine Candelária, aspirávamos a dar corpo a pretensões que estão em Durruti, em Benjamin e outros, sobre a possibilidade de habitar as ruínas. Estar nesse espaço em ruínas e cheio de memórias, limpá-lo, refazer suas escoras, arrumar o portão e passar um longo período ensaiando lá constituiu uma questão fundamental para o desenvolvimento de Anti-Antígona. Como falamos em determinado momento do texto do espetáculo: "esse mundo é matadouro desde o início/ com suas fábricas, estádios, estacionamentos e teatros". Belo Horizonte é uma cidade moderna que já é ruína, derruba seus espaços para virarem estacionamentos, que depois virarão prédios, que depois serão derrubados para darem espaço a prédios maiores.

Então, para nós, há sempre uma esperança ingênua de que nossos projetos possam vislumbrar algo para além da sobrevivência cotidiana, na qual só restou trabalhar, ter finais de semana divertidos e nenhuma expectativa para o futuro.

3 - Do que se trata a peça? Qual sua relação com as histórias e as imagens a que ela faz alusão, isto é, aos levantes contra a tarifa do transporte público e a Copa em 2013? Por que trazer aquela memória 10 anos depois em uma peça, em um terreno ocupado?

A peça parte do mito de Antígona, filha de Édipo, que, ao enterrar o irmão traidor, é condenada à morte pelo poder, por se recusar a voltar atrás em seu gesto. É uma das peças mais encenadas em todo o mundo, com diversas visões e versões. O coletivo [conjunto vazio] buscou em Anti-Antígona dar contornos que enfatizam o gesto insurrecional fracassado, reduzindo seu caráter heroico em prol de uma visão de um mundo sem deuses, heróis, redenção e, principalmente, em que o horizonte de expectativas revolucionárias está bloqueado.

Participamos dos atos e fomos fortemente influenciados por Junho de 2013. Suas possibilidades, vitórias e fracassos trouxeram questões no campo político, estético e social com as quais ainda estamos lidando. Para nós, a imagem dos dois mortos no Junho de BH, Douglas Henrique e Luiz Felipe, que caíram de um viaduto enquanto fugiam da repressão policial, foram partes importantes para a criação do espetáculo. Essas mortes foram de certa forma esquecidas, deixadas de lado e permanecem nos assombrando como um dos legados dessa insurreição.

Há também no espetáculo uma forte presença do coro, que é chamado no espetáculo de Brecht Bloc, do qual A- (como chamamos Antígona na peça) também faz parte e se descola. Em trajes como dos adeptos da prática black bloc, algo que capturou as imagens de 2013, eles movimentam uma série de performances, treinamentos e gags físicas sobre a impossibilidade da revolução. O coro, que é uma parte tão importante da tragédia grega, é aqui também fraco e impossibilitado de exercer sua função de comentar e agir.

O espaço é elemento central do espetáculo pois ansiávamos um outro tipo de relação entre a peça e os espectadores, seria necessário inserir o público nas ruínas e em distância com o que acontece em cena. Há uma espécie de paisagem fantasmagórica em Anti-Antígona, que busca evocar nossa própria impossibilidade de criar novos momentos revolucionários.

4 - Já se passaram 13 anos desde a primeira Praia da Estação, em 2010, e já se completa uma década de atuação da Kasa Invisível, herdeira e, ao menos em parte, consequência dessas lutas da década passada, junto de outras como o Espaço Comum Luiz Estrela e diversas ocupações de moradia. Como vocês visualizam o futuro das lutas pelo espaço urbano e por direitos básicos, como a moradia, em Belo Horizonte na próxima década?

O fenômeno da Praia é com certeza a nossa ação mais bem-sucedida (são raras as pessoas que sabem de sua história) e ao mesmo tempo mostrou diversos impasses. Ainda que tenha gerado descrições exageradas, como "a Praia da Estação foi o renascimento do Carnaval e da política em BH", houve de fato algo potente e disseminador na prática de ocupação de lugares públicos, ainda que sua ação rapidamente fosse enclausurada na Cultura, tanto que passou a ser usada como propaganda para a prefeitura. A mesma contra a qual lutávamos e lutamos! Essa incorporação da Praia pelo Estado pode ser vista em muitos movimentos de moradia que escolheram adentrar a política institucional em detrimento da radicalização das lutas... Essa tentação estatal é com certeza uma das grandes barreiras!

O [conjunto vazio] leva a sério o lema de que todo espaço vazio deve ser ocupado e acredita que o movimento de moradia carrega uma enorme potencialidade de prefigurar o comunismo aqui e agora, contra e para além do Estado e do capital. Belo Horizonte, como a primeira cidade do país planejada sob o signo do "moderno", traz essa pequena brecha com a qual seria possível destruir e habitar sua própria ruína. É nisso que apostamos, é disso que queremos participar!

※ ※ ※

De vaga-lumes e formigas: a potência lampejante, coletiva e obstinada da Belo Horizonte ocupada

Pisa ligeiro, pisa ligeiro!
Quem não pode com as formigas não assanha o formigueiro!

Em uma de suas mais conhecidas proposições, Henri Lefebvre — cujas ideias sobre o Direito à Cidade[1] têm sido historicamente apropriadas por movimentos de ocupações urbanas em Belo Horizonte e outros lugares — sugere uma conexão inescapável entre a produção do espaço e quaisquer possibilidades de mudanças reais na vida e na sociedade.[2] Supondo que essa correlação íntima efetivamente se realize, isso não a torna simples de compreender ou de identificar. Onde está tal produção do espaço nos lugares cotidianos do nosso tempo? Como e por quem se realiza? O que a torna essencial para mudanças na vida e na sociedade? Quais são essas mudanças, em que escalas ocorrem, como reconhecê-las?

Ocupações são práticas espaciais pois têm em seu cerne justamente um esforço contínuo e coletivo pela apropriação, uso e transformação de espaços previamente abandonados, para fins diversos. São práticas espaciais *insurgentes*, pois ocorrem em oposição a formas heterônomas de produção do espaço, tradicionalmente institucionalizadas e controladas por setores dominantes, baseadas na propriedade privada individual e no valor de troca. Se estas têm resultado na produção de cidades opressivas e injustiças sócio-espaciais, aquelas procuram escapar a essa lógica para, de alguma maneira, alterá-la.

Assim, se à primeira vista as questões aqui levantadas parecem enigmáticas, argumento que as ocupações urbanas experimentam nas suas práticas presentes as possibilidades e os limites do vínculo inevitável previsto por Lefebvre em outro tempo, para outro lugar.

---

1 LEFEBVRE, H. O direito à cidade [1968]. Tradução: Oliveira, Cristina C. Itapevi, SP: Nebli, 2016.
2 LEFEBVRE, H. The production of space [1974]. Tradução: Donald Nicholson-Smith. Malden, Mass.: Blackwell, 1991.

Em *Sobrevivência dos Vaga-lumes*[3], Georges Didi-Huberman chama a atenção para certas formas de resistências, ora visíveis, ora invisíveis, vez ou outra perceptíveis apenas por vestígios e fragmentos, em lampejos passageiros e pouco iluminados. Vaga-lumes, na metáfora do autor. Seres cuja potência luminosa depende de uma existência coletiva. Embora o texto não se refira a ocupações, a imagem dos vaga-lumes parece servir muito bem à sua capacidade vital de articulação em rede plural, mutável, ligeira. Lembra também sua muitas vezes estratégica característica "lucilar" de existência, ora visível, ora invisível, como condição de continuidade.

Em termos próprios, a metáfora muda e ganha em especificidade. A potência das construções coletivas não é novidade nas ocupações em Belo Horizonte. Como frequentemente entoado em seus territórios, *quem não pode com as formigas não assanha o formigueiro*. Embora eu não tenha conseguido localizar sua autoria original, eu estava na Ocupação Vitória[4] quando ouvi essa música pela primeira vez, cantada por um grupo de mulheres, lideranças locais. Como elas explicavam, são como formigas: *a classe trabalhadora, quando tem seu formigueiro pisado, sobe nos pés de quem quer que o tenha pisoteado*. Para além do caráter gradual, cotidiano e coletivo de suas práticas, a formiga é alegoria da obstinação e ousadia no enfrentamento de obstáculos e violências cotidianas.

* * *

Belo Horizonte ocupada[5]

Expressão frequentemente utilizada em referência aos movimentos de ocupação no Brasil, os movimentos dos *sem-teto*, reflete com precisão a principal causa da realização de ocupações, também no caso de Belo Horizonte: injustiça habitacional. Nesse sentido, não surpreende que, das 77 ocupações identificadas na Região Metropolitana de Belo Horizonte

---

3 DIDI-HUBERMAN, G. Sobrevivência dos vaga-lumes. Tradução: Vera Casa Nova e Márcia Arbex. Belo Horizonte: Editora UFMG, 2011.
4 Ocupação de terras para moradia, na região da Izidora, entre Belo Horizonte e Santa Luzia/MG, existente desde 2013.
5 Seção baseada na pesquisa e nos dados de levantamento realizados por Campos (2020), que identificou um total de 66 ocupações na RMBH. Alguns desses dados foram atualizados com base na posterior identificação e registro de 11 novas ocupações, em parceria com Baruq, morador da Kasa Invisível, ocupação localizada na região central de Belo Horizonte, existente desde 2013. CAMPOS, C. Squatting for more than Housing: Alternative Spaces and Struggles for The Right to the City in Three Urban Areas in Brazil, Spain, and the Basque Country. Tese de Doutorado. Belo Horizonte, Universidade Federal de Minas Gerais, 2020.

(RMBH) desde os anos 1990 (dois dos casos são anteriores a esse período), cerca de 96% sejam para moradia ou incluam habitação entre seus principais objetivos. Do total levantado, 77% das ocupações se iniciaram na última década. Apesar da escassez de dados oficiais acerca do tema, os relatos coletados apontam para mais de 20 mil moradias autoproduzidas em ocupações urbanas em terras e edificações na RMBH nos últimos dez anos.

Em sua maior parte, as ocupações urbanas na RMBH são localizadas em porções de terras abandonadas, com desuso prolongado, em regiões periféricas das cidades. São majoritariamente constituídas por pessoas de baixa renda, frequentemente desempregadas ou em condições precárias e informais de trabalho. Em geral, o ato de ocupar relaciona-se à necessidade urgente de abrigo e permanência para, a partir da consolidação de comunidades, seguir buscando melhores condições de vida.

Ocupações de terras para autoconstrução representam cerca de 58% do total identificado. Podem abrigar de dezenas a milhares de famílias, em áreas que não oferecem acesso adequado a infraestrutura urbana, serviços públicos de qualidade, cultura, lazer, oportunidades de trabalho e emprego, dentre outros. Ocupações em edificações previamente abandonadas, por sua vez, representam uma significativa parcela de 42% do total. Diferentemente das ocupações de terras, com poucas exceções, edifícios e casas ocupadas se localizam em áreas centrais, bem servidas e economicamente privilegiadas de Belo Horizonte.

Ao menos em parte, a opção por ocupar o Centro está diretamente relacionada a melhores condições de infraestrutura e à maior abundância de serviços, o que por si só não garante o acesso a eles por parte dos moradores de ocupações. Em especial no período da pandemia de COVID-19, cerca de uma dezena de novas ocupações foi realizada na região central de Belo Horizonte. Além de moradia, as ocupações têm diversas vezes incluído usos culturais, suporte para grupos diversos (por exemplo, mulheres em situação de violência) e outros fins políticos, como disponibilização de espaços para reuniões de diferentes coletivos, organização de palestras e debates, eventos, festas e outras atividades.

Notoriamente, as lutas por moradia se inserem numa disputa mais ampla que abarca desde o acesso ao básico já mencionado até o reconhecimento de seus atores como legítimos agentes políticos, produtores de cultura e de conhecimento, com participação plena na vida das cidades.

Nesse sentido, a perspectiva de um teto sobre suas cabeças é apenas o primeiro passo na disputa pelo direito à cidade. Cabe ressaltar que suas práticas são frequentemente apoiadas por outros movimentos sociais e coletivos.

A coletivização de esforços e práticas autogestionárias possibilita a construção de infraestrutura básica não disponibilizada por órgãos governamentais e concessionárias locais, uma vez que ocupações são criminalizadas. Na medida de suas necessidades, possibilidades e limites, atores diversos contribuem para a construção de redes de afinidade e ajuda mútua, para citar alguns dos aspectos essenciais às ocupações urbanas de Belo Horizonte. Os processos mencionados não ocorrem sem obstáculos e contradições internas, mas, embora cerca de 20% das ocupações levantadas tenham sofrido despejo, outras têm sido capazes de resistir por anos ou mesmo décadas.[6]

* * *

De volta ao argumento inicial

Ao deixar o plano da teoria e ao produzir espaços reais, carregados de suas próprias contradições e limites, em suas práticas cotidianas, realizações e desafios, os diversos atores em ocupações mudam, efetivamente, o aqui e agora. A produção do espaço nas ocupações, em grande parte indissociável da coletivização do cotidiano e de práticas autogestionárias, contribui para uma melhor compreensão dos obstáculos e oportunidades contidos nessas noções que, na maior parte das vezes, ficam restritas ao plano teórico. Desse modo, conhecimento novo é criado nas ocupações para em seguida ser compartilhado em rede.

O enfrentamento de seu cotidiano desafia formas de vida baseadas na propriedade privada individual e contribui para mudanças em como as pessoas se relacionam umas com as outras e em suas visões de mundo. De curta ou de longa duração, suas práticas podem promover o uso coletivo de espaços em vez de sua exploração privada, proporcionar moradia, contribuir para o fortalecimento de outros movimentos e coletivos, além de engajar-se em redes de cuidado mútuo.

---

6   Mais detalhes sobre o levantamento realizado podem ser encontrados em Campos (2020).

Ao ampliarem suas ações divulgando-as, apropriando-se das ruas das cidades em manifestações, e tornando-se presentes em outros fóruns de debate político, movimentos de ocupação têm ainda a possibilidade de influenciarem escalas maiores. Combinadas, suas ações podem chamar a atenção para a necessidade de barrar formas diversas de injustiças sócio-espaciais, ao mesmo tempo em que propõem formas mais justas e inclusivas de viver nas cidades.

Arrisco, então, que o modo de produção do espaço propício para mudanças na vida e na sociedade não é perfeito ou imutável, e não tem escala fixa. É desafiador e crítico, produzido coletivamente a cada dia, em estado de permanente mudança e adequação. Sendo assim, está em disputa e ocorre conforme necessidades, desejos, possibilidades e limites daquele que dele se apropriam. As ocupações são uma de suas formas possíveis e se por um lado nos permitem vislumbrar mudanças, por outro desvelam as dificuldades em consolidá-las.

Ainda assim, a potência transformativa contida nessas práticas espaciais insurgentes não deixa de existir com o fim de uma ocupação. Mesmo que ela resista só por um momento. Mesmo que apenas em um vislumbre. Seja oscilando como as delicadas luzes dos vaga-lumes, seja engajada na construção constante, resiliente e combativa das formigas. Suas lutas continuam no tempo. Na próxima ocupação. E, em diferentes graus, também nas mentes e práticas daqueles que as conheceram.

Clarissa Campos

✳ ✳ ✳

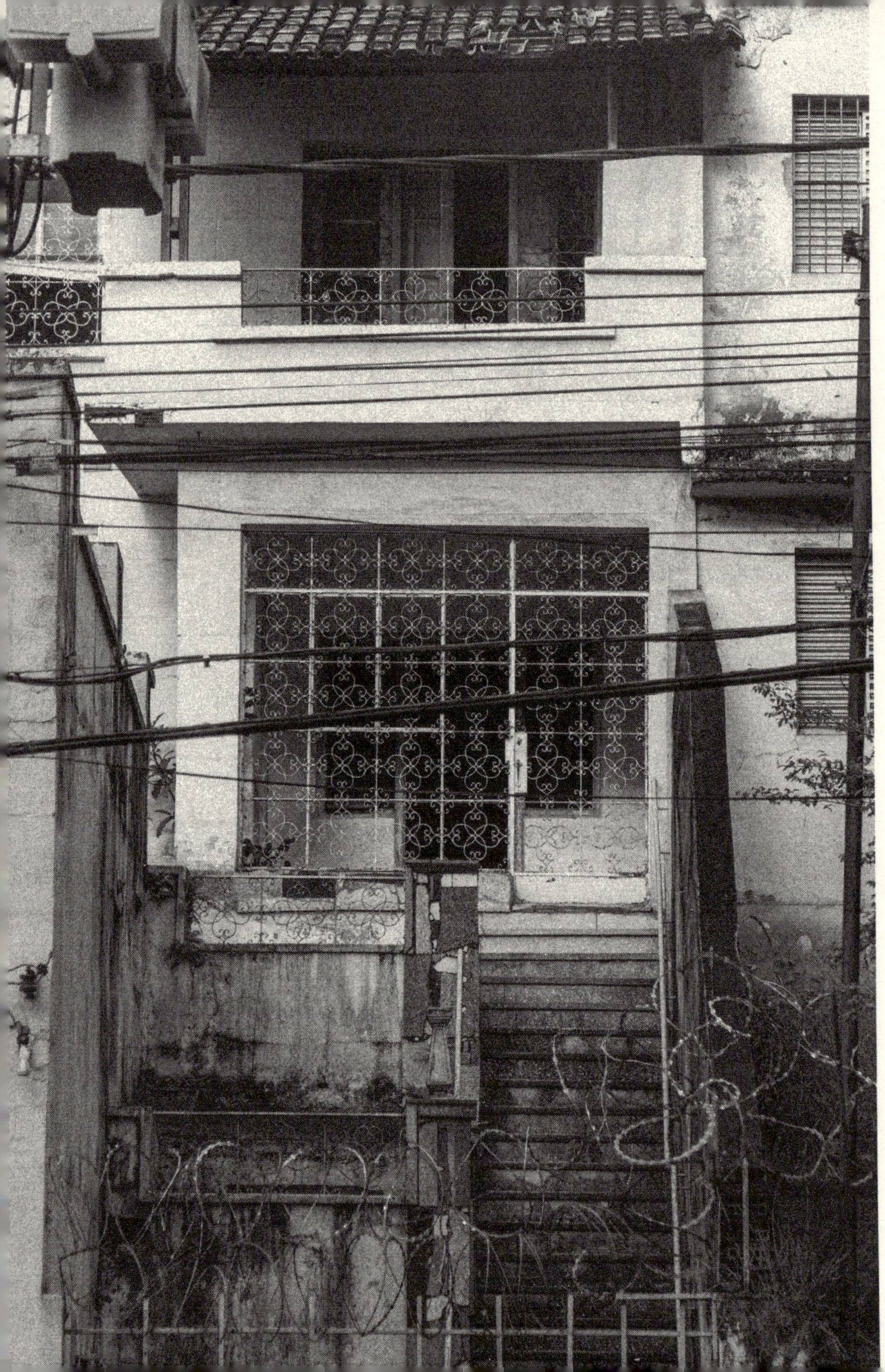

Posfácio – Nem tudo é encanto

> *O pintor solicita que o espectador não olhe de maneira demasiado aguda e precisa, ele o obriga a recuar certa distância para olhar; ele tem de pressupor um afastamento bem determinado do observador em relação ao quadro; deve até mesmo presumir, em seu espectador, um grau igualmente determinado de agudeza do olhar; em tais coisas ele não pode absolutamente hesitar. Portanto, quem quiser idealizar sua vida não deve querer vê-la com demasiada precisão, deve sempre remeter o olhar para certa distância.*
> — F. Nietzsche,

> *Eu sei o que é miséria. Eu já a vivi. Tudo o que sei, devo-o ao desespero.*
> — P. J. Proudhon

A escolha pelo nome desta publicação, inspirado na letra da música *Casa Okupada, Casa Encantada*, da banda punk espanhola Sin Dios, vem da vontade de apropriar-me deste encantamento e desta euforia que sentimos ao construir eventos, encontros e celebrações em um território que ocupamos e que construímos coletivamente todos os dias apesar de não termos onde morar nem oportunidades iguais e dignas para todas as pessoas. Esse sentimento é fundamental e serve de combustível para seguirmos. Mas é importante lembrar que essa alegria que valorizamos surge de uma realidade abominável.

Diferente dos punks com acesso a bons estudos no conforto da social-democracia da Europa Ocidental que, após uma boa dose de leitura e formação, partem para ação direta e ocupam prédios vazios, muitos de nós, ocupando no Brasil e no sul global, o fazemos a partir da luta amarga por sobrevivência, num contexto de extrema miséria e de terror policial e paramilitar, enfrentando as leis escritas e não escritas de uma das polícias mais letais do mundo, que mata (em números oficiais) 6 mil pessoas por ano — 10 vezes mais que os Estados Unidos, por exemplo.

Celebramos nossas lutas e vitórias sem romantizar o que nos leva a ocupar imóveis vazios para sobreviver. E sabemos que, mesmo sob o abrigo de uma casa ou terra ocupada, podemos continuar ou nos tornar ainda mais alvos da violência e da exclusão. Quem se dispõe a desafiar a lei, seja participando do capitalismo ilegal (tráfico de drogas e o crime organizado), seja na luta social contra a lógica da propriedade privada, dificilmente pode contar com a lei para garantir sua segurança contra as ações dos outros agentes que atuam fora da lei. Muitas vezes, nossos laços e nossa autodefesa são tudo o que temos.

Por isso, gostaria de dedicar este livro a companheiros que perderam suas vidas na difícil jornada que é lutar por moradia e por direitos básicos ocupando algumas das casas que aqui foram retratadas. Seja por conflitos internos, seja por desastres, seja pelas mãos da polícia assassina.

A vitória será reservada a todos nós que não temamos o conflito nem as ruínas.

Carlos Roberto, Israel "Baiano" e Welington Felix, PRESENTE!

※ ※ ※

Avenida
Bias Fortes
1034 a 918

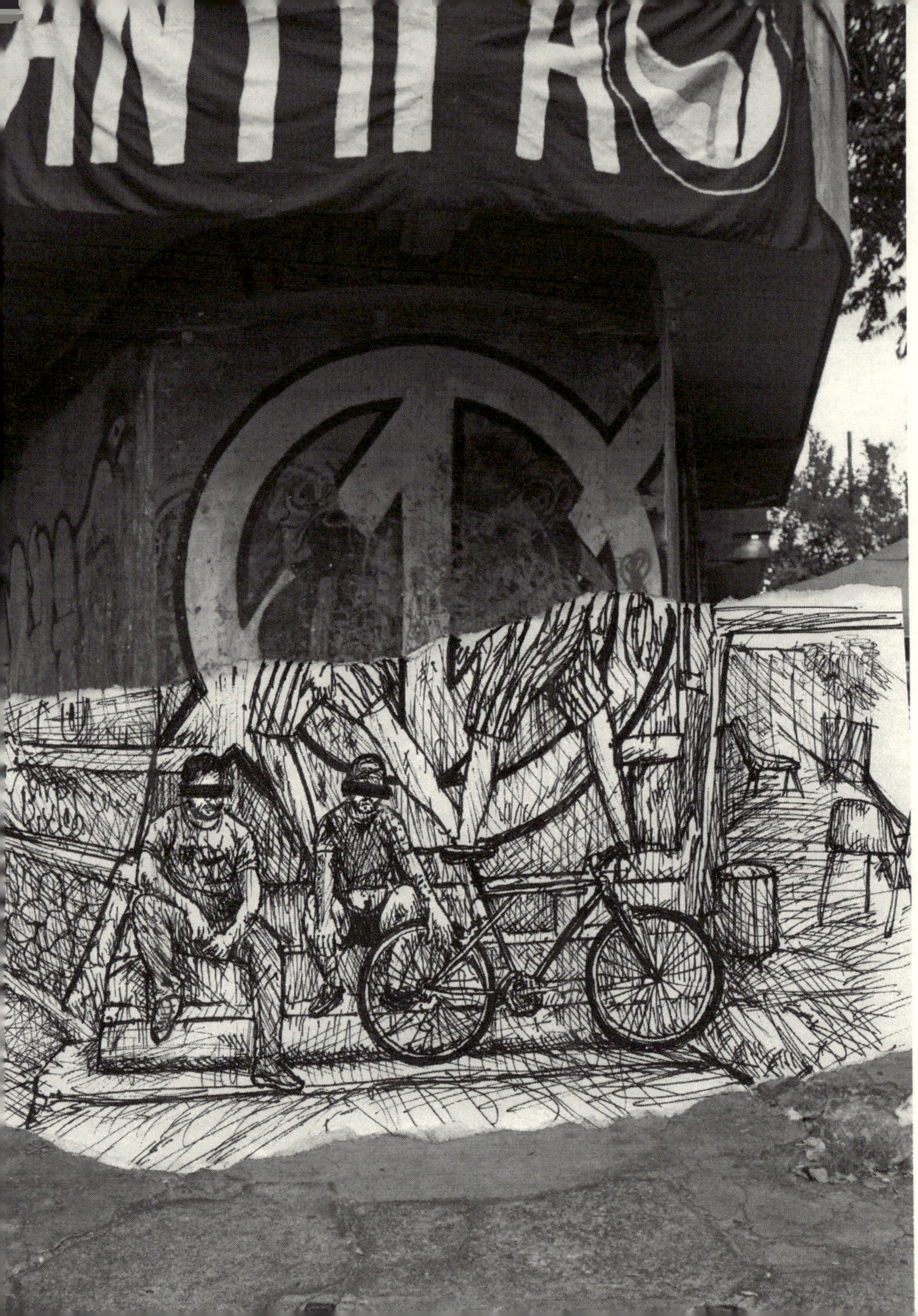

#NãoTrabalhaMaisAqui

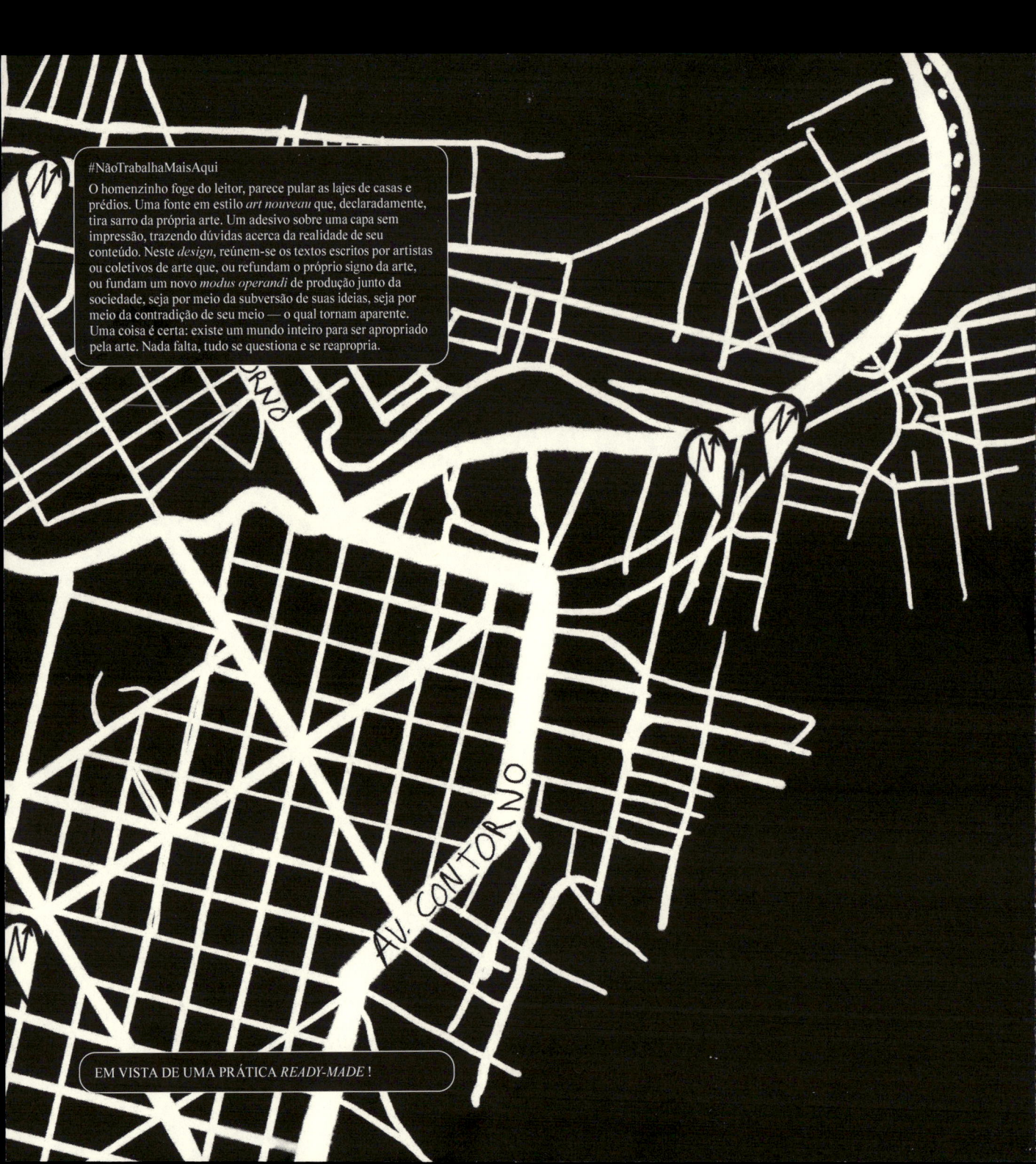

O homenzinho foge do leitor, parece pular as lajes de casas e prédios. Uma fonte em estilo *art nouveau* que, declaradamente, tira sarro da própria arte. Um adesivo sobre uma capa sem impressão, trazendo dúvidas acerca da realidade de seu conteúdo. Neste *design*, reúnem-se os textos escritos por artistas ou coletivos de arte que, ou refundam o próprio signo da arte, ou fundam um novo *modus operandi* de produção junto da sociedade, seja por meio da subversão de suas ideias, seja por meio da contradição de seu meio — o qual tornam aparente. Uma coisa é certa: existe um mundo inteiro para ser apropriado pela arte. Nada falta, tudo se questiona e se reapropria.

EM VISTA DE UMA PRÁTICA *READY-MADE* !